AF270843

# SABIDURIAS MILENARIAS Y SECTAS SECRETAS

SABIDURIAS MILENARIAS Y SECTAS SECRETAS

Dirección Editorial: Julián Viñuales, Juan María Martínez.
Coordinación editorial: Juan Ramón Azaola.
Dirección técnica: Miguel Carod, Eduardo Peñalba.
Coordinación técnica: Pilar Mora, Rolando Días.
Edición: Raquel Medina, Luis García, Marta Carranza,
Lorenzo Sacasa, Pat Daniels, Anne Horan.
Diseño y Documentación gráfica: Jose María Sáez de Almeida,
Luisa Mª Fernández-Pacheco.
Versión Castellano: Laura Vidal.
Administración general: Iñigo de Castro, Marta Arenas.
Suscripciones: Francisco Perales.
© Time-Life Books Inc. 1989.
ISBN 0-7835-0370-5
Impreso en los Estados Unidos de América
R 10 9 8 7 6 5 4 3 2 1

SUMARIO

CAPÍTULO 1

Viejas hermandades

l día 1 de agosto de 1984 comenzó de forma rutinaria para el inglés Andy Mould. Había estado trabajando con una cuadrilla en Lindow Moss, una turbera de 70 hectáreas en Cheshire, y de vuelta al molino, mientras observaba el ascensor que cargaba los bloques recién cortados en la máquina desfibradora, vio algo parecido a un trozo de madera. Mould lo cogió y, jugando, se lo lanzó a un compañero, el cual lo esquivó. Al caer el objeto al suelo, y desprenderse la turba que lo rodeaba, los dos hombres descubrieron lo que parecía ser un pie humano.

Se avisó inmediatamente a la policía y al arqueólogo del condado Rick Turner. Las autoridades localizaron el lugar donde había sido desenterrado el pie y encontraron el resto del cuerpo, que había escapado por casualidad a las cuchillas de la maquina cortadora. Los restos humanos parecían antiguos —no resultado de un crimen reciente, como se temió en un principio— y la policía no tardó en marcharse, dejando la desagradable tarea de retirar el cadáver a Turner y una cuadrilla de especialistas.

El cuerpo, bautizado como Lindow Man (hombre de Lindow) por los estudiosos, estaba bien conservado, gracias a las condiciones del pozo. Los científicos pudieron determinar que Lindow Man había muerto en el siglo II a.C., a una edad comprendida entre los veinticinco y treinta años. De mediana estatura y complexión fuerte, carecía de la musculatura característica de un guerrero, y la suavidad de sus manos sugería la pertenencia de su dueño a un grupo social de élite. Su cuerpo ofrecía muchas pistas acerca de su vida, pero ninguna tan sobrecogedora como la que revelaba la naturaleza de su muerte: no cabía duda de que Lindow Man había sido víctima de un asesinato ritual.

No existían señales de lucha. Los científicos concluyeron que había sufrido dos golpes en la cabeza que probablemente le dejaron inconsciente; a continuación había sido ahorcado y desangrado hasta morir con un corte en la garganta, en la arteria carótida. Según los expertos, Lindow Man había gozado de una salud perfecta hasta el momento de su terrible asesinato.

¿Quién era Lindow Man, y como llegó a ese final? Algunos estudiosos creen que era un druida, miembro de la secta religiosa pagana de los cel-tas, que poblaron gran parte del continente y Gran Bretaña durante el siglo VIII a.C. Parece ser que los druidas gobernaban la vida espiritual, intelectual y ritual de su pueblo y se cree que practicaban sacrificios humanos durante sus ceremonias religiosas.

En el estómago de Lindow Man había restos de alimentos, que se cree procedían de una de dichas ceremonias. Aparentemente, lo último que comió Lindow Man antes de ser sacrificado era un trozo de bannock, pastel de centeno que se servía en los festivales de la primavera. Se dice que una de las ceremonias druidas consistía en repartir entre los presentes porciones de un bannock especial, una de las cuales estaba quemada. Aquel que recibiera dicha porción era elegido para ser sacrificado a los dioses.

Al igual que ocurre con muchas otras sectas secretas, en la historia de los druidas resulta difícil separar la leyenda de la realidad. No existen testimonios escritos de sus ritos y creencias, ya que eligieron transmitir sus tradiciones por vía oral. El conocimiento moderno de los druidas está por tanto basado en documentos griegos y latinos, en su mayor parte de segunda o tercera mano, y en algunos poemas épicos irlandeses, transmitidos durante siglos y transcritos, en algunos casos, por monjes medievales.

Al mantener su sabiduría esotérica en secreto, los druidas conferían a sus seguidores un sentimiento de exclusividad, de ser los únicos poseedores de un conocimiento especial, conservado a través de los siglos.

Aunque el término "secta secreta" puede significar que tanto sus adeptos como sus actividades están ocultos del mundo exterior, generalmente se refiere a una organización cuyos miembros son conocidos pero cuyas doctrinas y rituales sólo tienen significado para los iniciados. Tal secretismo crea en éstos un sentimiento de exclusividad, de pertenecer a un círculo interior y compartir una experiencia común, la elevación del espíritu mediante la revelación de una sabiduría o filosofía especial. Esta idea del conocimiento oculto es común a las organizaciones secretas desde el principio de los tiempos y lleva consigo la idea de fraternidad —en el caso de sectas con intenciones malignas, un encanto siniestro— que atrae a la gente a sus filas y revela algunas de las necesidades más oscuras del hombre.

Las sectas existen tanto en las culturas primitivas como en las más avanzadas. Se ha dado una interpretación de las pinturas rupestres según la cual éstas formaban parte del ritual de algunas tribus de la Edad de Piedra que buscaban atraer a los animales por medio de la magia. Las sectas secretas tribales estaban generalmente relacionadas con los ritos de iniciación a la madurez y con el deseo de preservar las tradiciones culturales del grupo. Algunas, en cambio, surgieron por motivos religiosos y políticos, como es el caso de los druidas y los templarios del siglo XII. Otros nacieron como hermandades rituales como los masones, los rosacruces, los teosofistas y la Orden Hermética del Amanecer Dorado. Cada una de ellas poseía sus propios ritos y creencias, sus iconografía particular y sus costumbres, pero todos sus miembros buscaban la ilustración a través de las enseñanzas religiosas basadas en la búsqueda mística.

Hay rasgos comunes a todos los grupos; de hecho resulta sorprendente observar la similaridad existente entre algunas organizaciones aparentemente tan distintas como los Asesinos (secta medieval musulmana que asesinaba cruzados) y una fraternidad moderna como la Orden Benevolente y Protectora de los Alces. Cada sociedad secreta elegía a sus miembros siguiendo un criterio particular y en todas ellas los novicios debían someterse a un ritual de iniciación. La ceremonia normalmente incluía el relato de un mito, leyenda o creencia sobre los orígenes de la secta; el aprendizaje de signos o símbolos significativos, y un juramento de fidelidad. Los iniciados mejoraban su posición dentro del grupo con el paso del tiempo, a través de un elaborado sistema jerárquico de grados y niveles.

Este fresco del siglo I d.C., que se cree procede de una villa en la antigua ciudad romana de Herculano, muestra a los sacerdotes del culto de Isis durante una ceremonia del agua. La diosa egipcia Isis se relacionaba con la tierra, y su esposo Osiris, con las aguas del Nilo.

Otro lazo de unión entre muchas sectas, antiguas y modernas, es la tradición de remontar su ascendencia a los llamados cultos del misterio, o religiones que florecieron en los antiguos pueblos mediterráneos. Estos cultos —como el de Eleusis, Dionisos, Isis y Osiris, entre otros— nacieron del deseo de hallar una fe individualizada que asegurara la inmortalidad a sus seguidores. En la Grecia antigua, los festivales religiosos coincidían a menudo con actos oficiales de las ciudades-estado, a menudo relacionados con la agricultura. Esta mezcla de religión y política contribuyó a crear a un fuerte sentimiento de solidaridad cultural, dejando sin embargo las necesidades espirituales sin satisfacer. De eso se ocuparon los cultos del misterio.

El término *misterio* procede del vocablo griego *musterion,* que significa «lo que está reservado para los iniciados», y lo que en apariencia atrajo a la mayoría de la gente fue el éxtasis y el sentimiento de renovación que otorgaban los ritos de iniciación, los cuales duraban varios días y culminaban con un drama secreto de sacrificio y renacimiento. Llevados a su extremo, los cultos venían a encarnar la idea de resurrección y la promesa de vida eterna —conceptos que adoptarían y refinarían religiones posteriores, entre ellas, el cristianismo—. Al contrario que éste, el judaísmo o el Islam, las religiones del misterio normalmente carecían de una teología o un código moral que sirviera de guía a sus seguidores; operaban en un plano emocional mas que intelectual. Como bien observó el filósofo griego Aristóteles, los iniciados «no aprenden gran cosa, pero experimentan ciertas emociones, y se ven sumergidos en un estado mental especial».

Muchas de las denominadas religiones del misterio tienen su origen en cultos de fertilidad, o surgen de los festivales agrícolas locales. Una de ellas es el culto de Eleusis, que floreció en Grecia entre el siglo VI a.C. y en el año 395 d.C. Localizada al este de Atenas, en la ciudad de Eleusis, la secta adoraba a Deméter (Ceres para los romanos), la diosa del grano, y a su hija Perséfone. Según la mitología griega, la joven Perséfone fue secuestrada y obligada a contraer matrimonio con Hades, dios de los infiernos. Deméter suplicó la intervención de Zeus, rey de los dioses, el cual convenció a Hades para que permitiera a Perséfone vivir en la tierra durante ocho meses al año, periodo que equivale a la estación del crecimiento. Para sus seguidores Perséfone moría simbólicamente cada año con la cosecha, y su madre habría creado el invierno en un acto de dolor. Perséfone renacía cada primavera con la nueva cosecha y Deméter lo celebraba haciendo que la tierra diese nuevos frutos. De esta alegoría de muerte y resurrección nació la fe de los iniciados en la vida eterna.

Los misterios eleusinos se celebraban tres veces al año y todos los griegos, fuera cual fuera su clase social, podían optar a la iniciación participando en los "misterios menores", que se celebraban en invierno y primavera. Los iniciados ayunaban y tomaban parte en otras ceremonias, destinadas a ayudarles a alcanzar el nivel de pureza moral y espiritual que serviría de preparación para los "grandes misterios" celebrados durante la cosecha de septiembre. En aquel tiempo, todas las ciudades-estado de Grecia estaban llamadas a respetar una tregua sagrada de quince días de duración, y los neófitos de todo el mundo helénico acudían a Atenas para preparar la gran ceremonia de iniciación. Como parte de ésta, cada participante se bañaba en el mar con un cerdo pequeño, que luego ofrecería como sacrificio. A continuación, los iniciados, portando ramas de mirto, caminaban los dieciséis kilómetros que separaban Atenas de Eleusis en procesión, escoltando las efigies de Deméter y Perséfone y otros objetos sagrados. Todo era ale-

sur. La naturaleza del culto, sin embargo, produjo un efecto perturbador en la vida religiosa griega. Los seguidores de Dionisos alcanzaban la unión con su dios a través del vino y el baile, la indulgencia hacia sus impulsos básicos y la liberación de sus inhibiciones. Los rituales del culto incluían tanto orgías como oraciones o sacrificios al dios de la libertad. Para contrarrestar estas prácticas, la secta incorporó cultos estatales —como el de Eleusis— y también un movimiento religioso ascético llamado orfismo.

El inspirador del orfismo fue el héroe y músico de la

Una bacante con una pandereta y una antorcha provoca a un sátiro durante una danza orgiástica practicada por los seguidores de Baco, dios romano del vino asociado a Dionisos. Este pequeño panel de pizarra, adornado con mármol, data del siglo I d.C., y fue rescatado entre las ruinas de una casa en Pompeya.

gría hasta que, justo antes de llegar a su destino, los peregrinos eran abordados por un grupo de hombres que procedían a insultarlos. Esta escena, según los historiadores, estaba planeada para humillar a los exaltados adoradores.

A finales de marzo, una vez los iniciados habían llegado a Eleusis, se celebraban más fiestas y bailes, a los que seguía una noche de descanso. El día siguiente se dedicaba al ayuno y a nuevos sacrificios a los dioses para luego, al acercarse la noche, reunirse en torno al templo de Deméter y esperar a que el portador les franqueara la entrada a éste. Una vez en el interior, se celebraba una comida ritual y se representaban piezas de teatro sagradas, que recreaban la búsqueda de Perséfone por parte de su madre. La ceremonia culminaba con una exhibición de objetos sagrados artísticamente iluminados.

Los misterios eleusinos gozaron de un gran prestigio entre los griegos y, más tarde, también entre los romanos. A lo largo de los años se añadieron nuevos ritos y se incorporó la figura de Dionisos, dios del vino, las fiestas y la fertilidad. El culto dionisiaco apareció en el norte de Grecia alrededor de principios del siglo VII a.C., y gradualmente fue penetrando en el

mitología griega Orfeo, de cuya lira se dice que aplacaba a las fieras salvajes y que en una ocasión hizo llorar a Hades, dios de los infiernos. Las creencias órficas —que incluían la idea de que el cuerpo era un obstáculo para la vida espiritual y que por tanto debía ser trascendido— contrastaban con las del culto dionisiaco, aunque los ascetas sabían incorporar a sus creencias la sombría leyenda que rodeaba a su dios. Según una versión del mito, Dionisos, hijo de Zeus, fue muerto y devorado por los titanes, gigantes que engendraron a los viejos dioses griegos. En venganza, Zeus, rey de los dioses del Olimpo y señor de los cielos, envió un haz de rayos contra los atacantes, incendiando sus cuerpos. Sin embargo éste no fue el fin ni de Dionisos ni de los titanes; Zeus devoró el corazón de su hijo, recuperado de entre las llamas, y fecundó a Semele, diosa de la tierra, para así resucitarle. De las cenizas de los titanes, según cuenta la historia, nació la raza humana. Para los seguidores del orfismo, este mito venía a confirmar su creencia de que los seres humanos tienen una capacidad intrínseca para el bien y el mal, y que de igual modo que renació Dionisos, así lo harían sus seguidores.

Animales salvajes permanecen transfigurados por la música de Orfeo
en este mosaico romano del siglo III d.C.
Durante el siglo V a.C. se relacionó a Orfeo con una religión misteriosa
que purificaba el alma a través de la abnegación.

El orfismo tuvo una gran influencia en los seguidores de Pitágoras, matemático y filósofo del siglo VI a.C., que fundó una secta basada en su propio sistema metafísico. Los pitagóricos eran una especie de hermandad intelectual que se dedicaba a una vida mental. Al igual que los orfistas, los pitagóricos consideraban el cuerpo como un obstáculo para la vida espiritual y creían que la práctica de rituales y el ascetismo, así como la dieta vegetariana, contribuían a alcanzar un conocimiento superior. La iniciación a esos cultos y el conocimiento de sus doctrinas secretas colocaba al neófito en el camino de una serie de reencarnaciones purificadoras. Una vez completadas éstas, creían, el alma era liberada divinizada por completo.

El culto de Dionisos y Orfeo alcanzó su máximo esplendor en Italia, donde ambos competían junto con otras sectas importadas por el alma de los romanos. En el siglo I a. C. Roma se había convertido en el centro comercial del Mediterráneo, una capital cosmopolita repleta de gentes e ideas llegadas de todos los rincones del mundo antiguo. Los cultos del misterio capturaron la imaginación del imperio, y en particular el culto a Isis y Osiris, una secta egipcia que databa de la época de los faraones, gozó de una gran popularidad.

La historia de Isis y Osiris era tan terrible como la de Dionisos y, como muchos otros mitos antiguos, ensalzaba el concepto de muerte y resurrección. Osiris, rey de Egipto e hijo de los dioses del cielo y la tierra, fue asesinado y descuartizado por su diabólico hermano Seth, quien arrojó sus restos al Nilo. Isis, su desconsolada viuda, recogió los trozos de su cuerpo, y el rey fue resucitado por su hijo Horus. Para los egipcios, Osiris simbolizaba el Nilo, su muerte representaba la llegada de la sequía

El dios persa Mitra mata a un toro salvaje, simbolizando el renacimiento, en esta escultura del siglo II d.C. El perro, animal sagrado para los persas, y la serpiente, que representaba el mal, luchan por la sangre del animal que supuestamente creaba la vida. El sacrificio del toro era parte fundamental del culto mitraico.

y su resurrección la gran crecida anual del río. Para los romanos, la historia de Osiris contenía las nociones de resurrección e inmortalidad.

El escritor romano Apuleyo describió su propia iniciación a los misterios de Isis y Osiris en *Las metamorfosis,* su famoso tratado del siglo II a.C. Lucio, el héroe de la historia, comenzaba su iniciación con el Libro de los muertos egipcio. Tras someterse a un baño ritual y afeitarse la cabeza, Lucio era conducido ante un sacerdote en el templo de Isis, donde permanecía a los pies de la diosa mientras era amonestado "con palabras que no se pueden reproducir en el lenguaje humano". Durante diez días, el iniciado se abstenía de carne, pan, vino y sexo. Luego, en la noche de la iniciación, era llevado al rincón más sagrado del templo, donde participaba en una representación mística de la búsqueda del cuerpo de Osiris. Apuleyo cuenta como, a medianoche, el neófito enmudeció al contemplar un haz de luz que surgía de la nada. «Pude ver el sol resplandeciendo con brillante luz», dice Lucio, «tuve frente a mí a los dioses del Cielo y del Infierno, y los honré de cerca».

Como los misterios de Isis y Osiris, el culto persa a Mitra tuvo especial difusión entre los romanos. El emperador Nerón fue iniciado en los misterios mitraicos y el mitraísmo se convirtió en la religión semi-oficial del ejército romano, cuyas tropas lo llevaron hasta los confines del Imperio. Según el mito, Mitra, dios persa del sol que representaba el bien, se enzarzó en una eterna batalla con las fuerzas del mal, durante la cual mató a un gran toro. Algunos estudiosos creen que la bestia encarnaba el espíritu del mal; otros dicen que era un animal sagrado cuya muerte fue un sacrificio. Sea como sea, de la sangre del toro nacieron todas las hierbas y plantas útiles para la

humanidad, y este milagro reveló a
Mitra como el regenerador de la tierra
y el creador de una vida más rica y
fructífera. Junto a otros cultos tempranos, el mitraísmo tenía sus raíces en la agricultura y concedía una
gran importancia al ritual de iniciación. El punto culminante de la ceremonia mitraica era el sacrificio del
toro y el bautismo del iniciado con su
sangre. El mitraísmo reconocía siete
grados en el conocimiento divino, y los
miembros podían ascender de uno a otro
superando ritos de iniciación especiales, que
ponían a prueba su resistencia y valor. Estos
siete grados correspondían a los siete planetas conocidos, y la ascensión a través de ellos
era una metáfora del camino del alma hacia el
cielo a través de las esferas planetarias.

Había ciertos paralelismos entre el
mitraísmo y el cristianismo, y ambas religiones
compitieron por el dominio espiritual del
imperio romano. El amanecer y la puesta de
sol, símbolo del dios Mitra, hacen pensar en la
muerte y resurrección de Cristo. Y lo que es
más, la celebración del nacimiento del dios del
sol tenía lugar el 25 de diciembre, reconocido
como el día del nacimiento de Cristo. Las dos
religiones contemplaban el bautismo, incluían
un sacramento con pan y vino y ocultaban sus
rituales mas importantes a los no creyentes: la eucaristía cristiana, en la cual el
adorador toma el pan y el vino como el
cuerpo y la sangre de Cristo, era ori-
ginalmente un "misterio", reservado
a los instruidos en los caminos de
Dios.

A la vez que los romanos

*Se cree que la figura mitraica Aion
representaba el tiempo, y poseía las
llaves del mundo del más allá. La cabeza
del león se refiere supuestamente al
verano y al temperamento fiero del dios.
La serpiente que rodea su cuerpo encarna
los infiernos y simboliza el lado frío de
la naturaleza de Aion. La amenaza de
Aion, creen los eruditos, revela que
los seguidores de Mitra reconocían el
poder del tiempo y buscaban la
salvación a través de su dios.*

abrazaban las religiones mediterrá-
neas, intentaban eliminar una secta
pagana que se extendía al norte del imperio. En los bosques de Galia (ahora Francia)
y en las Islas Británicas, las tribus celtas adora-
ban a toda una colección de dioses y espíritus de
los bosques. Los guardianes de esta fe eran los
druidas, que desempeñaban un papel primordial
en la sociedad celta. Según los pocos testimonios de la literatura greco-romana que sobrevivieron aquel tiempo, los druidas eran sacerdotes, filósofos, educadores, árbitros y
curanderos. No sólo supervisaban
todas las ceremonias religiosas,
sino que, según cuenta Julio César
en sus *Comentarii de Bello Galli-
co, (Comentarios de la Guerra
de las Galias),* estudiaban "las
estrellas y sus movimientos, el
tamaño del universo y la tierra, la
naturaleza de las cosas, el poder
de los dioses inmortales". Depo-
sitarios de la cultura de una sociedad sin escritos, los druidas dedicaban su vida a memorizar las
leyes celtas y los poemas épicos.
Sus poderes políticos igualaban
a los del rey, elegido por ellos
entre los miembros de la familia

real, al que asesoraban en asuntos de estado y guerra. En ocasiones los druidas servían en el ejército, aunque estaban legalmente exentos de ofrecer servicios militares y pagar impuestos. Conocían las hierbas y plantas para tratar ciertas enfermedades, y practicaban distintos métodos de adivinación. Del druida irlandés Fingen se cuenta que era capaz de diagnosticar la enfermedad de un hombre por el humo que salía de su chimenea. Los druidas también se ocupaban de instruir a los jóvenes en las tradiciones culturales y en los caminos de la orden, para que algún día pudieran unirse a la secta.

Los druidas provenían de las clases altas de la sociedad y tenían que pasar por tres grados o niveles de autoridad: *vates,* o adivinos, *bardos* o recitadores de poesía sagrada, y *druidas,* los sacerdotes que se encargaban de las ceremonias rituales. Con el tiempo los tres grados pasaron a conocerse por el nombre genérico de druidas. Éstos dedicaban un día a la semana a sus prácticas

religiosas, y presidían los cuatro festivales anuales que correspondían al cambio de estación. Como los seguidores de Mitra, se cree que los celtas celebraban el solsticio de invierno el 25 de diciembre; pero era durante la conmemoración del solsticio de verano y los equinoccios de otoño y primavera, cuando se celebraban los ritos de iniciación. La gran celebración anual del Beltane (o Día de Mayo) conmemoraba la resurrección del sol. Celebraban fiestas y bailes, y a medianoche, según una de las fuentes, en un claro del bosque iluminado por hogueras, un iniciado revivía la simbólica muerte y resurrección de Hu, el dios sol de los druidas.

Según Plinio el viejo, la fecha de algunas ceremonias dependía de la extraña aparición de muérdago en un roble. Un druida vestido de blanco trepaba entonces por el árbol y, valiéndose de una hoz dorada, arrancaba el parásito, liberando así al espíritu del roble, árbol sagrado. Luego había una gran fiesta y se sacrificaban dos toros.

Muchos festivales druídicos provenían de ritos de fertilidad agrícola, en los que inevitablemente se sacrificaban animales. Sin embargo existe la certeza de que algunas veces —al comenzar una batalla, o cuando una persona importante caía enferma— se realizaban sacrificios humanos. César cuenta que los paganos construían enormes jaulas que llenaban con víctimas, a las que a continuación prendían fuego. Aunque por lo general eran convictos los que se ofrecían a los dioses, explica, a veces eran sustituidos por inocentes. Algunas fuentes constatan que incluso sacrificaban a sus seguidores si era necesario. El escritor clásico Diodoro Siculo también describió escenas de sacrificios humanos. «Cuando intentaban adivinar algo importante practicaban una extraña costumbre, mataban a un hombre apuñalándole sobre el diafragma» y mientras moría, continúa Dionisio, «ellos leían el futuro en las convulsiones de sus miembros y el brotar de su sangre».

Algunos historiadores dudan de la veracidad de estas historias: posiblemente César adornó su descripción de los salvajes celtas para justificar la guerra de las Galias, y en cuanto a los otros relatos no procedían seguramente de testigos oculares. Sin embargo, muchos creen que estas viejas historias no están muy lejos de la verdad. Realmente, el descubrimiento de los res-

tos de Lindow Man en la turbera de Cheshire apoya la teoría de que los druidas practicaban sacrificios humanos. Las autoridades romanas en Galia y Bretaña toleraban éstos y otros ritos porque temían el poder político de los druidas entre las tribus celtas sometidas. En el año 54 d.C. se redactó un decreto aboliendo la religión druídica, y siete años más tarde se lanzó una campaña para erradicar los últimos vestigios de la secta pagana. El último enfrentamiento tuvo lugar en Anglesey, una isla situada en la costa noroeste de Gales y baluarte del druidismo. Según el ilustre historiador romano Tácito, cuando los barcos romanos bordeaban la costa, druidas con largas barbas y mujeres blandiendo antorchas salieron de los bosques, gritando y profiriendo amenazas contra los invasores. Semejante ataque verbal no pudo hacer nada, sin embargo, frente a las espadas romanas: los guerreros arrasaron todo lo que se interpuso en su camino, sin respetar siquiera los árboles del bosque sagrado que Tácito describió cubiertos con la sangre de sus víctimas.

La masacre de Anglesey, y la conversión de los celtas al cristianismo acabó con la influencia de los druidas en el mundo antiguo; únicamente sobrevivieron en Gales e Irlanda hasta la Edad Media como bardos, recitando poemas épicos. Los tiempos modernos, no obstante, han conocido el renacer de la secta, aunque hoy día sus seguidores buscan tan sólo promocionar las ideas y principios de la civilización celta. Algunos grupos aislados mantienen las tradiciones místicas y, envueltos en túnicas blancas, estos druidas, bardos y vates contemporáneos reviven las ceremonias de iniciación y las fiestas de cada estación —por supuesto sin sacrificios humanos— en Stonehenge y lugares similares en toda Gran Bretaña. Las sectas modernas parecen sentirse atraídas por estos megalitos, y muchas de ellas creen que fueron los antiguos druidas los que levantaron las columnas de Stonehenge. Sin embargo, Stonehenge existió ya desde un siglo antes de la llegada de los druidas a Inglaterra, aunque sí es cierto que éstos utilizaron el monumento como observatorio para señalar la llegada de las estaciones, ya que esta secta parecía preferir la privacidad de los bosques sagrados para celebrar los ritos clandestinos de su fe pagana.

Este detalle de una caldera ceremonial celta puede representar un sacrificio humano, a menudo realizado ahogando a la víctima en una vasija.

E n el año 300 d.C., el cristianismo suplantó al druidismo y a las antiguas religiones como la fe oficial del Imperio Romano y los bretones parecieron abrazar la nueva creencia con más diligencia que otros pueblos, debido quizá a que en sus comienzos el cristianismo tenía algunos puntos comunes con el druidismo, como la inmortalidad del alma, la creencia en los milagros y, según algunos expertos, la fe en la reencarnación.

Paralelamente al crecimiento del cristianismo durante los primeros siglos d. C. surgieron algunos movimientos cuya visión de Dios, la humanidad y el universo diferían de la fe cristiana. Uno de estos grupos eran los gnósticos, que toman su nombre del griego *gnosis,* «conocimiento». El gnosticismo mezclaba el cristianismo con las ideas de Platón y otros filósofos griegos, que veían el universo en términos de existencia real e ideal. El mundo terreno, corrupto e imperfecto, sólo podía ser conocido a través de los sentidos. Por el contrario, el reino de Dios era únicamente alcanzable a por el corazón. Los gnósticos se creían seres espirituales forzados a habitar un cuerpo y a vivir en un mundo de pecado, pero una vez recibida la gnosis, el conocimiento revelado por Dios, podían alcanzar la redención total. Según sus escritos, este conocimiento especial desvela «lo que somos y en lo que nos hemos convertido, dónde estábamos o dónde nos han hecho caer, adónde vamos tan deprisa, de dónde viene la redención, qué son el nacimiento y el renacimiento». Para los gnósticos existían dos tipos de personas: las que estaban atadas a la tierra y la carne, y las susceptibles de ser iluminadas. Elegían a los iniciados entre este último grupo, y buscaban la liberación de todo lo físico por diversos caminos. Algunos maestros creían que la iluminación divina se alcanzaba mediante el éxtasis, mientras que otros abogaban por la meditación. Los gnósticos eran una sociedad cerrada; utilizaban como talismanes y pruebas de iniciación piedras inscritas con serpientes y otros símbolos, y tenían contraseñas secretas para identificarse a otros miembros de la secta.

Una manifestación extrema de este dualismo religioso era el maniqueísmo, llamado así por su fundador, el sabio persa Manes o Maniqueo, nacido en el año 215 d.C. en el seno de una familia de creencias religiosas eclécticas. El propio Manes fue iniciado en los misterios de Mitra, y estudió las sectas heréticas del cristianismo antes de crear su propia filosofía religiosa en el año 240 d.C., en la corte del rey persa Shapur I. Él y sus seguidores concebían un mundo.dual, dividido entre el reino de la luz y el de la oscuridad, el bien y el mal. Creían que Satán, nacido de la oscuridad, había robado parte de la luz —o del bien— al hombre. Manes se autoproclamó "embajador de la

Un estudio de contrastes

William Price, joven doctor galés que vivió alrededor de 1830, era en sí mismo una mezcla de creencias poco ortodoxas. Estaba convencido de que si los pacientes enfermaban, era el médico el que debía pagar. Nacido en una tierra famosa por su ganadería en ganado bovino, se hizo vegetariano, y tuvo una amante porque consideraba que el matrimonio esclavizaba a las mujeres. Hijo de un sacerdote cristiano, se considera un druida reencarnado.

En el transcurso de un viaje a Francia en 1839, Price encontró «una piedra en la que se hallaba grabado el retrato de un antiguo bardo recitando a la luna», y aseguró que estaba repleta de señales que sólo él podía desvelar. Obsesionado por el druidismo, pensaba que a través de él y de su hijo dicha secta sería restituida. Practicaba los antiguos rituales ataviado con una túnica blanca, pantalones verdes y un sombrero de piel de zorro, y en 1884 hizo una aparición pública en una exposición de arte, hablando de su nacimiento 3.700 años antes, cantando una canción galesa y dejando al descubierto algo parecido a unas medias rojas cubiertas de jeroglíficos verdes. Cuando en 1884 su hijo recién nacido murió, Price lo incineró, siguiendo las antiguas costumbres druidas. Dicho suceso horrorizó a los habitantes del pueblo, y Price fue encarcelado. Su defensa, en la que alegó que "la tierra es para los vivos" logró convencer al juez, y antes de dos años fue legalizada la incineración en Inglaterra.
El propio Price fue incinerado tras su muerte de 1893.

Este retrato de William Price, en su traje escarlata cubierto de símbolos, aparecía en su obra de 1871, La voluntad de mi Padre. *En ella Price se proclamaba «hijo del Bardo Primitivo Galés».*

luz" y creó un sistema mediante el cual los humanos podían liberarse de la oscuridad. Los maniqueos practicaban un ascetismo extremo en su camino hacia la luz. Tenían prohibido, por ejemplo, matar animales o plantas para comer; de hecho, repudiaban la rotura de un simple rama.

Manes viajó a lo que hoy conocemos como China occidental y a la India para predicar sus creencias, y aunque había sido siempre muy estimado en la corte persa, para cuando regresó en el año 270 d.C. las cosas habían cambiado. La casta sacerdotal persa de la antigua religión del zoroastrismo era contraria a la presencia de Manes, y logró convencer al nuevo rey, Bahram I, para que se deshiciera de él. Manes fue encarcelado, y en el año 276 d.C., crucificado y su cuerpo desollado.

Después de su muerte, un grupo de seguidores de con-

fianza continuó la tradición maniquea, con sus ritos de iniciación, símbolos y contraseñas, conmemorando cada año la muerte del profeta. Los maniqueístas fueron duramente perseguidos por los seguidores de otras religiones, pero algunas ramas de la secta se extendieron por todo el mundo conocido, a veces con otro nombre y un nuevo lenguaje figurativo, cristianizándose conforme se acercaban hacia el oeste. Sin embargo, algunos componentes originales se conservaron, y a decir de ciertos historiadores, el maniqueísmo influyó más tarde en las doctrinas de organizaciones como los cátaros, los templarios y los masones.

Con su mezcla de creencias en la dualidad, los seres divinos y la magia, el mundo mediterráneo de los siglos II y III d.C. constituía una tierra fértil, para que floreciera y se desarrollara el misticismo. Durante este periodo se sembraron las semillas de lo que sería un complejo cuerpo de doctrinas esotéricas, la Cábala hebrea. (La palabra ha tenido muchas grafías, pero la más usual, cábala, surgió bajo la influencia del Cristianismo).

La cábala, tal y como se conoce ahora, nació en el sur de Francia y España alrededor del siglo XII. Sin embargo sus orígenes se remontan a los judíos de la antigua Palestina y Egipto. Para ellos las creencias cabalísticas se basaban en una visión mística de Dios y el papel de la humanidad en el universo divino. La palabra kabbalah proviene del hebreo «lo que se recibe», y, según la tradición, Moisés la recibió por primera vez en el monte Sinaí junto con los Diez Mandamientos. Como consideraba el conocimiento divino de la cábala demasiado sagrado para escribir o hablar sobre él, Moisés escondió pistas sobre la verdad divina en el *Pentateuco*, los cinco primeros libros de la *Biblia*. Dichas pistas se convirtieron en parte fundamental del estudio de la Cábala, y fueron consideradas como "el alma del alma" de la ley judía.

El término *kabbalah* se convirtió con el tiempo en sinónimo de cualquier doctrina esotérica, ocultista o mística, aunque su estudio original se basaba sobre todo en la oración y la lectura del *Pentateuco* u otras escrituras. Conforme fue desarrollándose, la Cábala comenzó a compartir ideas con otros sistemas místicos de la antigüedad, incluyendo a los gnósticos y los pitagóricos. La Cábala no se limitaba únicamente a la enseñanza de la aprehensión de Dios, sino que incluía lecciones de cosmología, angelología y magia.

Sólo aquellos merecedores del conocimiento —poseedores de los ideales y motivos más puros— eran elegidos para su estudio. Un texto fundamental en este sentido es el viejo Sefer Yezira (Libro de la creación), escrito entre los siglos III y VI d.C. En sus páginas se describe una teoría de la creación de universo. Según el *Sefer Yezira*, el mundo espiritual estaría formado por diez esferas, los *sefirot (Sefirot* es un término relacionado con la palabra hebrea sappir, traducida de forma vaga por "zafiro", y que hace referencia al resplandor de Dios). Cada uno de los *sefirot* representaba un aspecto de Dios, como amor, poder o comprensión. Dichos aspectos se creía que emanaban del propio Dios, y puesto que el *sefirot* encarnaba la creación en su totalidad, venía a representar el universo mismo.

Conectando las diez esferas se encuentran veintidós caminos, que corresponderían a las veintidós letras del alfabeto hebreo, y que forman junto con ellas el «árbol de la vida», representación visual de la creación. El *Sefer Yezira* también detallaba los significados místicos de las letras del alfabeto, e interpretaba el significado oculto de varias posibles combinaciones de éstas.

A través de la meditación y la oración, los devotos podían escalar por el árbol de la vida, experimentar el *sefirot* y explorar la relación entre la humanidad y el universo, para alcanzar, en suma, la luz divina a través de la ascensión. Moisés de León, sabio judío del siglo XIII escribió una guía que detalla este viaje espiritual. La enseñanza central de este libro, conocido como el *Zhohar* (Libro del Esplendor), era un comentario místico del Pentateuco que contenía una mezcla de relatos, poemas, comentarios y visiones basadas en la ideas y símbolos cabalísticos.

Los textos y enseñanzas esotéricas de los judíos palestinos se habían extendido por Alemania, Francia y España, y la edad de oro de la cábala tuvo lugar entre los siglos XIII y XV, hasta 1492, fecha de la expulsión de los judíos de España. Los exiliados se llevaron consigo la cábala a otras tierras, transformada por sus padecimientos. Poco a poco el conocimiento de la cábala fue extendiéndose, surgiendo entonces una versión cristianizada de la misma.

a cábala cristiana, como dio en llamarse, combinaba las creencias cabalísticas con el popular movimiento llamado hermetismo, fusión de la filosofía griega y la antigua religión egipcia, cuyos postulados están contenidos en un cuerpo de textos conocido como el *Corpus Hermeticun*. Este libro, de autor desconocido, toma nombre de su personaje principal, Hermes Trimegistus (Hermes el Tres veces Grande). Algunos ocultistas creen que Hermes escribió el libro y que era un sabio que vivió en la era de los faraones, contemporáneo de Moisés. Otros le asocian con el dios griego Hermes, cuyo equivalente egipcio Toth, era escriba de los dioses y señor de los libros sagrados.

El *Corpus Hermeticun* consiste en diálogos entre Trimegistus, Thot y otros dioses egipcios entre los que se encuentra Isis. Los estudiosos apuntan que el texto no es original; de hecho, la mayor parte de la visión hermética del mundo está basada en la filosofía de Platón. Los herméticos contemplaban el mundo en términos de luz y oscuridad, bien y mal, espíritu y materia. Como sus contemporáneos gnósticos, sus adeptos predicaban el dualismo del cuerpo y la mente y la salvación por el conocimiento divino verdadero.

Las corrientes cabalística, hermética y cristiana se unieron a finales del siglo XV con la aparición de la cábala cristiana —introducida por el místico florentino Pico della Mirandola. Florencia, ciudad cosmopolita gobernada durante siglos por la familia Médicis, y hogar de artistas y escritores de la talla de Leonardo, Miguel Ángel y Petrarca, resultó el lugar idóneo para recibir esta nueva versión de la antigua ciencia. La Florencia del Renacimiento era un centro intelectual activo, agitado por numerosos conflictos religiosos, en un momento en que la Iglesia Católica tuvo que hacer frente a la Reforma protestante. El renacer de la cultura clásica, unido a una atmósfera de viva inquietud, alimentaron la nostalgia de una época en la que el mundo parecía mas simple y unificado. En este clima, la cábala cristiana resultaba especialmente atractiva, por sus nociones de unidad subyacente al paganismo, judaísmo, filosofía griega y cristianismo.

El nuevo movimiento poseía además el atractivo universal de la magia. Ésta, y especialmente la creencia en el poder de algunos números, letras y palabras, gozaba de una tradición importante entre judíos y cristianos. La simbólica magia blanca, o benigna, contenida en la cábala cristiana, tomaba su fuerza en parte de esa tradición y en parte de una variante de la creencia de que el universo estaba formado por esferas concéntricas. Los cabalistas creían en tres mundos, y su principal aspiración era ascender desde el elemental al celestial para luego continuar a la esfera supracelestial, donde se hallaban los nombres hebreos de Dios, siendo ahora Jesús el más poderoso. Estaban convencidos de que todas las cosas del mundo estaban conectadas a un planeta, y que su poder podía aumentarse cultivando las pasiones y emociones a él asociadas.

En un mundo tan incierto como el de la Edad Media y el Renacimiento, en constante guerra y amenazado por la peste, el pueblo se aferraba a la magia porque ofrecía una forma de control sobre la naturaleza. La magia blanca siempre fue tolerada por la Iglesia Católica, a diferencia de la negra, que fue condenada como una abominación. El término *cábala* acabó siendo sinónimo de magia, en sus dos vertientes, y más tarde tomó el significado añadido de intriga secreta.

La cábala cristiana atrajo a un grupo de entusiastas que se dedicaron a difundirla. De Pico della Mirandola se cuenta que poseía un conocimiento muy limitado de la cabalística, y sin embargo su influencia en sus contemporáneos y sucesores excedió con mucho los límites de sus escritos. El más importante de sus conversos fue un viejo contemporáneo suyo, Johannes Reuchlin, eminente estudioso alemán que tras conocer a Pico y sus amigos se ilusionó tanto con su trabajo que viajó a Italia para aprender lengua y literatura hebreas. Defendió y extendió las teorías de Pico, haciendo la magia cabalística más accesible. Le sucedió el también alemán Cor-

Ego sin dñs deus tuus

nelio Agripa, quizá uno de los estudiosos del ocultismos más notables del siglo XVI. Agripa recorrió todas las cortes europeas, atrayendo seguidores hacia una rama del pensamiento cabalístico que concedía gran importancia a la magia. Durante la Contrarreforma, la campaña de la Iglesia Católica para suprimir el protestantismo y otras herejías, Agripa fue acusado injustamente de practicar la magia negra, de conjurar demonios y relacionarse con el diablo.

Muchos de los factores que contribuyeron al atractivo del hermetismo y la cábala cristiana fueron también causa del nacimiento del catarismo, una doctrina cristiana herética que amenazaba la autoridad de la Iglesia medieval. Los cátaros florecieron en el siglo XII, periodo de crecientes contactos entre el Este y el Oeste. Las cruzadas, el esfuerzo cristiano por recuperar Jerusalén y otros lugares de Tierra Santa bajo el dominio musulmán, estaban entonces en pleno apogeo, y los soldados y comerciantes cristianos que acudían a ellas regresaban cargados de ideas desconocidas para Europa desde la caída del Imperio Romano. Entre éstas se encontraba el maniqueísmo, que aunque erradicado del mundo occidental por la Iglesia siglos antes, había sobrevivido al menos como influencia en zonas remotas del este de la cristiandad, y que contribuiría en gran medida a la creación de la doctrina cátara.

Paradójicamente, el siglo XII, que conoció el fervor reli-

Este candelabro de siete brazos, en una ilustración
tomada de una Biblia española del siglo XIV,
representa el mundo divino de la emanación, símbolo también
prersente en el arbol de la vida de los cabalistas.

gioso encarnado por las cruzadas, fue también época de creciente desilusión en la Iglesia Católica y las costumbres en exceso mundanas de su clero. Desde su nacimiento, como una de las muchas sectas del Imperio Romano, la Iglesia se había convertido en una institución regida por la riqueza y el poder. Sacerdotes y obispos llevaban una vida de lujo, a la vez que se entregaban a practicas tan corruptas como el perdón de los pecados a cambio de dinero. El catarismo por tanto surgió en gran medida como respuesta a los excesos de la Iglesia, y lo hizo primero en el norte de Italia, para extenderse luego por la Francia meridional.

Temerosos de la represión de la Iglesia, los primeros cátaros mantuvieron su fe en secreto. Pero la secta pronto atrajo tantos seguidores que pudieron moverse abiertamente bajo la protección de algunos señores feudales, capaces de enfrentarse al papa. En el sur de Francia el catarismo y un movimiento vagamente similar a éste, conocido como waldensionismo, se convirtieron virtualmente en las regiones oficiales de la región.

Las teologías cátara y católica no podían ser más opuestas. En la visión católica, la salvación venía a través del sufrimiento físico de Jesús, ser espiritual que se hizo carne para redimir a la humanidad muriendo en la cruz. Según los cátaros, la salvación no venía de la muerte de Cristo, sino del ejemplo de su vida en la tierra. Los cátaros negaban que este mundo

Esta ilustración, tomada de una edición del siglo XIV de las obras completas de Ramón Llull,
recopilada en el siglo XIV representa la cruzada del místico y misionero español éste a Túnez en 1292,
en un intento por convertir a los musulmanes al cristianismo. La filosofía de Llul
derivaba de la Cábala, y sus enseñanzas incluían el uso de los caracteres del alfabeto hebreo y de diagramas geométricos.

El catarismo tenía dos clases o grados. Los seglares eran conocidos como creyentes. No estaban obligados a seguir las rigurosas reglas de abstinencia, obligatorias en cambio para los *perfecti* o *bonhommes,* que formaban la jerarquía de la iglesia cátara. Cualquier persona, hombre o mujer, que quisiera alcanzar la categoría de perfecti tenía que pasar un tiempo de preparación que duraba por lo menos dos años. Durante este tiempo, abandonaban todos sus bienes terrenales, vivían en comunidad con otros perfecti y se abstenían de tomar carne y vino. Para evitar las tentaciones de la carne, al iniciado se le negaba cualquier contacto con el otro sexo, y se comprometía a no dormir nunca desnudo. Al finalizar el tiempo de prueba, el novicio recibía el

imperfecto hubiera sido creado por un Dios perfecto, y al igual que lo hicieran antes los maniqueos y los gnósticos, rechazaban la idea de creación expuesta en la Biblia, y en general el Antiguo Testamento. En lugar de ello creían que la tierra y la humanidad habían sido creadas por el diablo. Un cátaro conseguía la salvación a través del conocimiento del origen verdadero y del destino de la raza humana, renunciando al satánico mundo de la carne y viviendo una vida de abstinencia y pobreza.

A diferencia de los católicos, los cátaros creían en la reencarnación; si una persona fracasaba en una vida, tenía la oportunidad de triunfar en otra. Rechazaban el bautismo, el símbolo de la cruz, la confesión y toda ornamentación religiosa. Sus servicios religiosos eran simples y podían celebrarse en cualquier sitio. Consistía en una lectura tomada de los Evangelios, un breve sermón, una bendición y la Oración al Señor. La vuelta a los principios básicos de la liturgia de los cátaros venía a anticipar la simplicidad de algunas sectas protestantes posteriores.

consolamentum, rito que combinaba el bautismo, la confesión y la ordenación y que era celebrado en público ante una gran congregación. Allí los iniciados respondían a una serie de preguntas formuladas por un miembro veterano de la iglesia, y prometían llevar una vida de pobreza, abstinencia y obediencia a Dios y a los Evangelios.

La iglesia católica hizo cuanto pudo para combatir la herejía cátara. Al principio intentó hacer regresar a los cátaros a sus filas enviando misiones cistercienses dirigidas por el futuro cabeza de la orden, San Bernardo de Clairvaux. Los monjes hicieron pocas conversiones, y el tesón de los herejes terminó por desalentar a Bernardo, cuyos propios esfuerzos por acercarse a ellos fueron recibidos con abucheos en las calles de Toulouse.

La región cátara estaba gobernada por el conde Raymond IV de Toulouse, seguidor de esa fe. Los enfrentamientos producidos entre las autoridades católicas y los cátaros culminaron con el asesinato de un enviado especial del papa Inocencio III a manos de un esbirro del conde. Este asesinato conmo-

La fortaleza Montségur en los
Pirineos, último reducto de los
cátaros, sufrió continuos
ataques por parte de los
cruzados, que sospechaban
contenía grandes tesoros,
incluido el Santo Grial. En
marzo de 1244, y tras diez
meses de sitio, los cátaros se
rindieron al enemigo. Mas de
doscientos hombres y mujeres
descendieron de la montañas
hacia las piras donde habían de
ser icinerados. Nunca se halló
ningún tesoro en la fortaleza.

cionó de tal manera al papa, que no pudo articular palabra durante dos días. Tras ello declaró que los cátaros eran «peores que los sarracenos» (término cristiano para denominar a los musulmanes) y convocó una cruzada para acabar con la secta de una vez por todas. Esta llamada fue secundada por muchos caballeros franceses, que se sintieron atraídos por diversas razones. Era la primera cruzada contra un enemigo europeo, con lo cual no requería ni el tiempo ni el dinero de una cruzada en Tierra Santa. Y además de la salvación prometida a aquellos que participaran en la cruzada durante un mínimo de cuarenta días, estaba el atractivo añadido de quedarse con el botín resultante de los saqueos.

La cruzada fue lanzada en 1209, con veinte mil caballeros encabezando un vasto ejército. En su primera gran victoria, los cruzados tomaron la ciudad de Beziers y aniquilaron a casi todos sus habitantes, incluidos los que se tenían por católicos leales. Cuando se preguntó al delegado papal cómo se distinguiría a los católicos de los cátaros se cuenta que respondió: "Mátenlos a todos. Dios cuidará de los suyos". Pero la fe cátara era muy poderosa, y los ejércitos del papa se enfrentaban a una larga lucha. Tuvieron que pasar casi cuarenta años hasta que los cruzados derrotaron a los últimos resistentes armados, y aun así algunas células secretas sobrevivieron durante al menos otros cincuenta años. Una fórmula para medir la fe en el catarismo era la capacidad de sufrir martirio. Miles de perfecti, cuando se les daba a elegir entre la conversión y la muerte, rehusaron renunciar a su fe. Murieron en ocasiones de hambre encadenados a los muros de las mazmorras, pero en su mayoría fueron quemados en piras colectivas. A la hora de la persecución y la tortura, algunos eligieron el rito cátaro de Endura, una forma santificada de suicidio a través del ayuno.

Sin embargo, no todas las sectas fueron tan benignas como la de los cátaros. A su regreso a Europa de uno de sus viajes a China en el siglo III, el viajero veneciano Marco Polo difundió la historia de una secta que encontró en Persia, los asesinos.

Marco Polo describió un jardín maravilloso, encajado entre dos montañas y conocido sólo por aquellos que pertenecían al culto. Protegido por un castillo, el jardín era una réplica de la visión del paraíso del profeta Mahoma. «En él pueden encontrarse todas las frutas y los palacios mas hermosos del mundo», escribió Marco Polo. «Había tres canales: del uno brotaba agua, del otro miel y del otro vino; estaban las mujeres mas hermosas del mundo, que cantaban y tocaban instrumentos y bailaban mejor que nadie». Sólo los jóvenes aspirantes a asesinos eran admitidos en este edén. Cuando el dirigente espiritual los consideraba preparados para la iniciación, se les administraba hachís hasta que quedaban sumidos en un profundo sueño. Luego, según Polo, se les conducía al jardín, donde se despertaban rodeados de esplendores indescriptibles. Nadie que hubiera experimentado este paraíso, donde toda falta era perdonada, deseaba abandonarlo jamás. No obstante en compensación, los asesinos debían realizar algunas misiones, o de lo contrario eran expulsados. Dichas misiones consistían en matar, y los asesinos las ejecutaban con ciega obediencia.

Los asesinos, cuyo nombre se deriva de la palabra árabe *hashishin,* que significa "consumidor de hachís" — aparecieron como una orden secreta por primera vez en el siglo XII. Como secta derivada de la religión ismailí, los asesinos creían que había siete eslabones en la cadena de la creación, y que la sabiduría divina podía ser revelada al hombre en cualquier etapa de su camino a Dios. Aquellos que buscaban la luz eran sometidos a una iniciación especial para entrar en cada etapa del conocimiento. Según fuentes del siglo XIX, las revelaciones de cada nuevo nivel negaban todo lo aprendido hasta entonces. En el escalón más alto se revelaba el secreto último de los asesinos: el cielo y el infierno eran una misma cosa, todas las acciones carecían de sentido y no existían ni el bien ni el mal, tan sólo la virtud de obedecer al rey-sacerdote.

El fundador y gran maestro de los asesinos, Hasan-i Sabbah, fue ganando poder en el mundo árabe, y terminó por erigirse en príncipe independiente. Él mismo transformó las funciones originales de los iniciados ismailíes en las de los asesinos, guerreros cuya arma preferida era la daga y para los que morir asesinando constituía un honor. Los asesinos normal-

---

En esta pintura francesa del siglo XIV Hasan-i Sabbah, gran maestro de los Asesinos, ofrece a sus seguidores vino con droga. El rito de iniciación brindaba a los neófitos el acceso al paraíso de Hasan, y ellos en compensación debían ejecutar sus órdenes de asesinato.

mente acechaban a jefes religiosos o políticos y eran profundamente temidos y admirados. Según Marco Polo «ningún hombre al que el Viejo (Hasan) haya decidido matar puede escapar, y se dice que más de un rey le paga tributo por su vida».

Hassan-i Sabbah murió en 1124, y con su muerte comenzó a desvanecerse el poder de los asesinos. La secta se escindió, y en 1166, los asesinos persas volvieron a una fe más ortodoxa; sus supervivientes fueron aniquilados a finales del siglo XIII por los invasores mongoles, capaces de aterrorizar hasta a los feroces asesinos.

Pero al igual que ocurre con la mayoría de las sectas secretas antiguas, la influencia del culto de los guerreros asesinos fue evidente en otra sociedad, la orden militar cristiana de los caballeros templarios. Pocas instituciones medievales eran tan respetadas —si bien era un respeto teñido de miedo y envidia— como ésta, que se dedicaba a la protección de los peregrinos cristianos en Tierra Santa.

a Orden de los Caballeros Templarios fue fundada en 1118 por el noble francés Hugo de Paynes y otros ocho soldados veteranos. Preocupados por la seguridad del paso entre el puerto de Jaffa (en Israel) y la ciudad de Jerusalén, los templarios tomaron su nombre, Pobres Caballeros del Templo, del templo de Salomón de la ciudad Santa, lugar donde se dice tuvieron su primer cuartel general. Jerusalén había sido liberada del dominio árabe al término de la primera cruzada, noventa años antes, pero las fuerzas cristianas que ocupaban la ciudad y los terrenos adyacentes se veían amenazadas continuamente por árabes hostiles. La Iglesia Católica recibió con gratitud los servicios de Paynes y sus guerreros. En 1128, durante el concilio de Troyes (Francia) los líderes religiosos reconocieron a los Caballeros Templarios como una nueva orden religiosa.

Aunque servían al cristianismo, una orden religiosa marcial era radicalmente contraria a la política de la Iglesia tradicional, que prohibía al clero llevar armas. Los templarios eran guerreros, y la iglesia tendía a verlos como ateos y licenciosos. En 1095, Bernardo de Clairvaux los describió como «canallas sin fe, saqueadores sacrílegos, homicidas, perjuros, adúlteros». Las cruzadas se lanzaron en principio en parte para canalizar las energías temerarias de los caballeros. La creación de los caballeros templarios fue vista como una forma de redención de una case social al margen de la ley; de hecho muchos de los que pasaron a engrosar su filas habían sido previamente excomulgados. Fuera cual fuera su opinión sobre los guerreros en general, Bernardo fue un gran admirador de la orden, y su mecenas no oficial. Calificándoles de «verdugos al

En el Viaje Nocturno, la visión de Mahoma de los misterios cósmicos, se veía a sí mismo ascendiendo hacia Dios atravesando siete esferas celestiales.

La búsqueda del Divino

La fe ascética persa del sufismo, al igual que otras religiones místicas, busca la unión con Dios o el Divino. Los primeros sufíes eran seguidores del profeta Mahoma, que solían sentarse fuera de la mezquita en una plataforma o *suffe*, para escucharlo. Siguiendo su ejemplo, los sufíes perseguían el abandono total de uno mismo para llegar a la unión total con Dios.

En el primer paso hacia la iluminación, el devoto recibía un baño de purificación. A continuación era conducido ante un maestro espiritual, quien le servía una comida especial y le asignaba un himno o *zehr*. Seguidamente se enseñaban al iniciado las acciones que conducen al Divino: meditación, invocación del nombre de Dios, contemplación.

Aunque el sufismo procedía básicamente del Islam, también asimiló las enseñanzas de otras religiones y creencias, como los pitagóricos, los herméticos y los budistas. Por su parte, el sufismo influyó supuestamente en el culto de los templarios. Y hay quien afirma que la masonería comenzó como una sociedad sufí, traída a Escocia disfrazada de gremio artesano durante el siglo XIV.

Los turbantes sufíes muestran el viaje en espiral del espíritu hasta su unión con el Divino.

Al no ser acepatado en el barco, un santo sufí surca las aguas sobre su alfombra mágica.

servicio de Cristo», absolvió a los templarios del delito de asesinato, siempre y cuando sus víctimas fueran enemigos de la Iglesia.

Como cualquier orden religiosa, los templarios tomaban votos de pobreza, castidad y obediencia, y excepto por llevar armas, su vida no se diferenciaba de la de cualquier otro monje. La Regla del Templo que gobernaba sus costumbres cotidianas fue probablemente ideada por Bernardo, e incluía el silencio estricto durante las comidas y la oración a determinadas horas. Para asegurar su castidad, los caballeros dormían completamente vestidos en dormitorios iluminados, y les estaba prohibido besar incluso a sus madres. Es más, no podían acudir a ninguna reunión social que pudiera despertar en ellos la nostalgia de una vida familiar. Como soldados del Señor, los templarios juraron no retirarse nunca en batalla, incluso en situaciones extremas. La desobediencia a cualquier regla, por trivial que pareciera, traía consigo los más duros castigos. En una ocasión un caballero, por ejemplo, fue expulsado de la orden por perder un caballo que había tomado prestado para ir a cazar liebres (ello era una doble ofensa, pues los templarios tenían prohibida la caza de cualquier animal menos noble que el león).

El emblema templario era un caballo con dos guerreros, símbolos de la pobreza y la hermandad. No cabe duda de que Bernardo apreciaba a los templarios más que a los adinerados caballeros seglares, comentando de los primeros que «se lavaban raramente, llevaban las barbas enredadas, y estaban siempre sudados y polvorientos, sucios por sus monturas y el calor». Los templarios vestían capas blancas con un cruz roja, y entraban en batalla presididos por una bandera blanca y negra llamada Beauseant, por el tipo de caballo utilizado por los fundadores de la orden. La misma palabra se convirtió en su grito de guerra.

Al igual que otras instituciones medievales, los templarios se organizaban siguiendo una rígida jerarquía. A la cabeza de la orden estaba el maestro, y debajo de él, un gran prior dirigía cada una de las divisiones regionales, diseminadas por toda la Cristiandad. Los caballeros de túnica blanca eran reclutados de familias nobles, y formaban un cuerpo de oficiales, a cuyas órdenes estaba una segunda clase de soldados que procedía de familias plebeyas y vestía capa negra o marrón. Además de estas dos clases guerreras había otras de ayudantes y sirvientes que se ocupaban de los castillos y propiedades templarias.

Los caballeros se iniciaban en el culto mediante una ceremonia secreta que tenía lugar en la capilla del mismo. El prior preguntaba en repetidas ocasiones a los caballeros allí reunidos si tenían alguna objeción a la admisión del novicio en el templo. Si no había ninguna entonces procedía a repasar las órdenes de la orden e interrogaba al novicio sobre si tenía esposa, hijos, deudas o si debía fidelidad a algún otro maestro. Habiendo contestado negativamente, el novicio se arrodillaba, pidiendo convertirse en "siervo y esclavo" del templo, y jurando obediencia a Dios y a la Virgen María. Finalmente, se colocaba la túnica blanca sobre sus hombros, y el iniciado era bienvenido a las filas de los caballeros templarios.

El secreto que envolvía las ceremonias templarias confería a la orden un aire de misterio, y dio lugar a rumores malintencionados acerca de la vida en el interior de los templos. Los adversarios de estos caballeros los acusaban secretamente de perversión sexual y ocultismo. Llegó un momento en que dichas acusaciones se formularon en público, y para el siglo XIV; tras más de doscientos años de servicio, la orden de los caballeros templarios conoció un brusco final.

La caída de los templarios puede atribuirse a diversos factores. Uno fue la desaparición de las cruzadas en el siglo XIII, que significó la abolición del propósito original de la orden. Otro fueron las riquezas de estos caballeros supuestamente pobres. La manutención de un ejército repartido en una serie de fortificaciones a miles de kilómetros de casa requería amplios recursos económicos, y con el tiempo los templarios acumularon grandes sumas de dinero, procedente de regalos y

El sello oficial de los caballeros templarios, dos caballeros sobre un solo caballo, venía a simbolizar la hermandad y el voto de pobreza de los miembros de esta orden militar del siglo XII.

La mitad superior de esta pintura del siglo XV retrata a Bernardo de Clairvaux, protector de los templarios, predicando a sus compañeros de la orden cisterciense. En la mitad inferior, Bernardo recibe la visita de un demonio, representando tal vez a Bahomet —símbolo del profeta Mahoma, a quien los templarios fueron acusados de adorar—.

de la explotación de sus propiedades, que por su carácter religioso estaban exentas de impuestos. Los templarios aprendieron a manejar sus ganancias con gran habilidad, y en el proceso se convirtieron en los banqueros del mundo occidental. Reyes y príncipes confiaban su oro a la orden, cuyos templos eran los más seguros y mejor defendidos de toda Europa. Era inevitable que los monarcas medievales —continuamente apremiados por la falta de dinero con que financiar sus continuas guerras— mirasen con envidia las arcas templarias. El principio del fin comenzó el viernes 13 de octubre de 1307, cuando Felipe IV de Francia (acreedor de la orden) ordenó el arresto de todos los templarios de su región, acusándoles de herejes. Dicho decreto tenía poco que ver con el celo religioso, y mucho con las ansias de llenar sus bolsillos con el oro templario. Un mes más tarde, el papa Clemente IV, instado por Felipe, autorizó a todos los mo-

narcas a arrestar a los templarios y confiscar todas sus propiedades.

Muchos de los cargos de los que les acusaban estaban relacionados con la ceremonia de iniciación, alegando que durante la misma se obligaba a los novicios a practicar actos homosexuales y otras actividades blasfemas, tales como orinar y escupir sobre la cruz. También se les acusaba de adorar al diablo, en ocasiones en forma de gato negro al que besaban bajo el rabo, y otras en forma de un icono conocido como Baphomet. Se decía que los caballeros utilizaban aceite extraído de la carne de niños asesinados para masajear a Baphomet, descrito como una cabeza humana disecada, o una calavera cubierta de joyas montada sobre un falo de madera.

La palabra Baphomet derivaba del nombre del profeta islámico Mahoma, y dicha acusación formaba parte de otra más general, que relacionaba a los templarios con los musulmanes. Es cierto que, tras más de dos siglos en el

Oriente Medio, los templarios habían absorbido gran parte de la cultura enemiga. Muchos de ellos hablaban árabe, y a diferencia de los europeos, llevaban barba a al estilo musulmán. En ocasiones luchaban junto a los asesinos contra otras facciones árabes en las luchas intestinas que, como entonces, caracterizaban al mundo árabe. Los detractores de los templarios apuntaban numerosas similitudes entre ambas organizaciones, e incluso llegaron a acusar a los caballeros de cooperar con los asesinos. La mayoría de los historiadores desmienten estos cargos, aunque, por lo menos un templario, el caballero inglés Robert de St. Albans, se convirtió al islamismo y capitaneó un ejército árabe. Existe la leyenda de que una «tribu de cruzados» integrada por desertores templarios adoptó el islamismo y sobrevivió durante siglos en el norte de Arabia.

Apoyándose en estas acusaciones, las delegaciones del rey Felipe aplicaban medidas extremas para obtener las confesiones de los templarios; a los pocos días de ser capturados, treinta y seis caballeros murieron torturados en las mazmorras del monarca. Tres años después, en 1312, cincuenta y cuatro templarios perecieron víctimas de las llamas. La persecución continuó, aunque el papa Clemente V declaró en 1312 que no existían pruebas de herejía. Nuevamente presionado por el rey, el papa decretó la disolución de la orden. Los templarios que habían sobrevivido podían unirse a otra orden o bien regresar al estado secular. El gran maestro templario Jacques de Molay fue sentenciado a cadena perpetua tras hacer pública su confesión. Sin embargo, de

Molay puso en entredicho la credibilidad de la Iglesia y el estado, al declarar públicamente que su orden era inocente. Esta imprudencia le costó la muerte en la hoguera, y mientras las llamas hacían presa de él maldijo al papa y al rey, anunciando que ambos se enfrentarían al juicio final muy pronto, Clemente antes de cuarenta días y Felipe en el curso de un año. Ambas profecías se cumplieron.

Así, las sectas secretas de la antigüedad nacían y morían, para florecer de nuevo y ver sus creencias recuperadas de algún modo en otros grupos que surgían por todo el mundo. En ocasiones sus miembros gozaban de una posición de exaltación continua; en otras habían de recorrer un largo y tortuoso camino. Pero por duro que fuera éste, el atractivo de las sectas secretas, un círculo cerrado de individuos unidos por una fe común y embarcados en una verdadera odisea espiritual de diseño propio era universal y muy fuerte, y no debe ser negado.

Rosacruces: los invisibles

os parisinos del siglo XVII estaban habituados a ver sus edificios y paredes cubiertos de anuncios. Pero los carteles que les saludaron a su paso por las calles en aquella mañana de agosto de 1623 eran extraordinarios y causaron sensación; informaban a los parisinos de la creación de una hermandad secreta que traería la paz verdadera y la sabiduría a aquellos que buscaban la luz.

Uno de los anuncios declaraba: «Nosotros, diputados del principal Colegio de la Hermandad de la Cruz Rosada, estamos en la ciudad de forma visible e invisible por la Gracia del Más Alto, hacia el que se vuelve el corazón de los justos. Enseñamos sin libros ni máscara alguna el idioma del país en el que queremos estar, para sacar a nuestros seguidores del error de la muerte».

Otro cartel ofrecía un lugar en la orden «a todos aquellos que deseen entrar en nuestra Sociedad», y prometía paz universal y sabiduría. «Les enseñaremos el conocimiento más perfecto del Más Alto… y les convertiremos de visibles a invisibles, y de invisibles a visibles». Aunque los anuncios no daban más información sobre cómo o dónde los interesados podrían entrar en contacto con la hermandad, venían a sugerir que todos aquellos dignos de entrar en ella serían reconocidos y contactados a su debido tiempo.

Los parisinos estaban intrigados por los anuncios de los rosacruces, pero la Iglesia de Roma reaccionó con temor y hostilidad. Tras cincuenta años de conflicto con los herejes protestantes, en asuntos que iban desde el ritual eclesiástico a la cosmología medieval, los sacerdotes no podían tolerar un nuevo grupo de inconformistas que prometían redefinir la relación mística entre Dios y la Naturaleza en términos capaces de minar la autoridad existente. Era sabido en Francia que esta hermandad, llamada de los rosacruces, había atraído muchos adeptos en Alemania, los Países Bajos e Inglaterra, cunas de la revolución protestante.

Al momento los portavoces de la Iglesia francesa publicaron varios manifiestos relacionando a los «supuestos invisibles» y sus «horribles pactos» con Satán. Uno de estos tratados afirmaba que treinta y seis «diputados» de la Cruz Rosada se habían reunido en la ciudad de Lyon el mismo día de la aparición de los anuncios en las calles de París; en el transcurso de esta reunión los discípulos del diablo se habían repartido la tierra y distribuido en seis grupos de seis miembros cada uno, cuya misión era llevar su mensaje y sus terribles prácticas a todas las grandes capitales del mundo.

El tratado afirmaba también que dos horas después de trazar su plan, los apóstatas celebraron una gran fiesta, durante la cual hizo su aparición el príncipe de los infiernos, lujosamente ataviado y resplandeciendo con los fuegos internos de Hades. Los hermanos se postraron ante él y juraron renunciar a todos los ritos y sacramentos de la Iglesia cristiana. En pago a su fe, el emisario de Satán les concedió maravillosos poderes, entre los que se incluía la habilidad de transportarse, por medio de la magia, allá donde quisieran; hablar con elocuencia y sabiduría capaces de atraer a la gente; dis-

frazarse de tal forma que pudieran parecer nativos de cualquier lugar donde se encontrasen y mantener sus bolsillos llenos de oro —presumiblemente a través de la alquimia—. El manifiesto confirmaba que seis misioneros habían partido inmediatamente hacia París, donde se ocultaron en Marais, barrio frecuentado por protestantes y otros malhechores.

Otro comentario, en el *Mercure de France*, intentó quitar importancia al asunto. Su autor, haciendo gala de considerable ingenio, relataba cómo la llegada de los rosacruces había traído el pánico a la ciudad y cómo gente por lo común razonable perdió completamente el sentido. Los dueños de hoteles de la ciudad contaban cómo extraños huéspedes se desvanecían por arte de magia llegada la hora de pagar; otros relataban cómo sus clientes pagaban con monedas de oro que a su marcha se transformaban en pizarra. Varios ciudadanos inocentes se despertaron a medianoche, acechados por súbitas apariciones que planeaban sobre ellos, y que desaparecían al gritar. El *Mercure* concluía jocosamente diciendo que no era

sorprendente encontrar parisinos durmiendo con sus mosquetes cargados junto a la cama, y apedreando a los extraños que se atrevían a entrar en sus vecindarios.

Todos los panfletos anti-rosacruces coincidían en que la identificación de cualquier grupo rosacruz por signos externos resultaba imposible. Según otro testimonio, los miembros de este misterioso cuerpo «no se podían comunicar con la gente excepto por el pensamiento, de forma imperceptible a los sentidos»—suponemos que se referían a la telepatía. Por ello se ordenaba a todos los parisinos fieles al rey y a Dios que vigilaran de cerca a todo aquel que profesara cualquier fe distinta a la establecida, y por su parte la Iglesia anunció que aquel que tuviera contacto con los rosacruces sería castigado como cualquier bruja o adorador del diablo.

Como consecuencia de esto, no se encontró a ningún invisible, ni aparecieron más anuncios, ningún aspirante se dio a conocer, y los rosacruces desaparecieron de la escena parisina igual que habían llegado. O quizá, como sugería un escéptico, esta hermandad secreta y herética nunca había llegado a París. Tal vez los anuncios eran una estrategia protestante, que quería lanzar a los padres de la Iglesia a una nueva caza de conspiradores, o posiblemente fue sólo la tapadera de una intriga política inglesa o alemana.

Incluso se decía que los anuncios eran parte de la estrategia de un librero inteligente para promocionar un nuevo panfleto titulado *Fama Fraternitatis*, obra alegórica sobre la misteriosa y mesiánica figura de Christian Rosenkreutz y su pequeño pero valiente grupo de seguidores.

Nadie parecía conocer la realidad de los rosacruces en el París de 1623, y a juzgar por la confusión existente en Inglaterra, Italia, los Países Bajos y Alemania, había muy pocos, por no decir ninguno, que pudieran contestar a las preguntas formuladas en torno a ellos. Lo único que se puede afirmar con certeza, 350 años después, es que las promesas de paz y sabiduría universal de la orden Rosa-cruz tocaron la fibra sensible de muchas almas en una Europa en conflicto permanente.

Pero, ¿de dónde provenían los rosacruces? Los modernos seguidores de la orden han intentado entroncar su movimiento con el antiguo Egipto o la India, proclamándose así «la fraternidad secreta más antigua que ha conocido el hombre». Lo más probable es que la hermandad surgiera durante la reforma protestante y el renacimiento intelectual de los si-glos XV y XVI, con todas las tensiones existentes entre las nuevas corrientes filosóficas y la teología establecida.

En primer lugar, ¿qué significa el nombre de la orden? ¿Deriva la Cruz Rosada de Christian Rosenkreutz, el héroe de *Fama Fraternitatis*?, Rosenkreutz significa "cruz rosa" en alemán, pero es más probable que éste sea un seudónimo tomado de la orden y no a la inversa. La pareja de la rosa y la cruz es un símbolo muy conocido. En la alegoría cristiana, ambos objetos representan respectivamente a la Virgen María y a Cristo; hay una oración inspirada en la antigua *Letanía de Loreto* que habla de la rosa como "flor de la cruz, matriz pura que nace… Floreciendo y ardiendo sobre todas las cosas… Sagrada Rosa…María".

El psicólogo Carl Jung veía la rosa como un símbolo profundamente enterrado en el inconsciente humano, como el útero materno, y unía la cruz al deseo innato del hombre por encontrar patrones de cuatro elementos en la mayoría de las cosas. La cruz en muchas mitologías de todo el mundo, y también en la cristiana, equivale a sacrificio y sufrimiento.

Hay otra teoría que defiende que los fundadores de la orden, protestantes, escogieron la rosa y la cruz por ser los símbolos que aparecían en el escudo de armas de Martín Lutero. Por otro lado, hay quien mantiene que el nombre

viene de la alquimia, ciencia cultivada por la secta. *Ros* era la palabra latina para «rocío», elemento esencial en la transmutación del metal en oro; y *crux* correspondía al símbolo alquímico para denominar los cuatro elementos.

Con tantas conjeturas y controversias sobre el nombre de la orden, no es sorprendente que los rosacruces, o los que pretendían ser sus herederos espirituales, tuvieran durante siglos dificultades para establecer el origen, los rituales y el dogma de la hermandad. De hecho, puede parecer que algunos de ellos elaboraron deliberadamente una nueva mitología, bien con la esperanza de que su deseo la hiciera realidad, bien con la intención de descalificar a algunos de los grupos que competían con ellos.

Cualquier estudio de la hermandad debe empezar por el *Fama Fraternitatis*, primer documento que llama a la organización por su nombre y que intenta relatar la historia de su fundación. Escrito en alemán por un autor desconocido, y titulado en su primera versión inglesa *La reforma general y universal de todo el mundo; junto con la Fama Fraternitatis de la loable fraternidad de la Rosa Cruz, escrita para todos los sabios y gobernantes de Europa,* comenzó a circular en 1610, y fue traducido a varias lenguas. La primera edición impresa apareció en 1614 en Kasel, al oeste de Alemania.

Los lectores que deseaban unirse a la reforma del

Las semejanzas entre los ideales de la Reforma y los rosacruces se hallan sugeridos en el escudo de armas de Martín Lutero (arriba). Diseñado alrededor de 1524, consiste en una rosa de cinco pétalos enroscada en una cruz, un motivo que habría de aparecer con frecuencia en la iconografía rosacruz.

mundo debían abandonar las viejas creencias, incluyendo al papa, Aristóteles y Galeno, y renunciar a todo excepto al ansia de aprender. El autor afirmaba que no se podía solicitar la pertenencia al grupo, pero que los peticionarios podrían «hablar con palabras o también.....mediante la escritura. Y decimos esto de verdad, ya que todo aquel que honradamente y desde el fondo de su corazón, nos muestre su aprecio», será reconocido por la fraternidad. «Y eso resultará beneficioso para él tanto en bienes como en cuerpo y mente»:

Por miedo a que alguien pudiera pensar que entre estos beneficios se pudieran incluir lecciones de alquimia, el autor declara en el lenguaje más llano posible: «en lo referente a la impía y maldita fabricación de oro, declaramos que los filósofos verdaderos están muy lejos de estas ideas, rechazando la fabricación de oro, actividad del todo secundaria y supeditada a tareas más elevadas». Dicho de otro modo, los rosacruces sabían transformar el metal en oro y conocían la fabricación de elixires medicinales, pero reservaban sus dotes como alquimistas a un propósito más loable: la transformación del intelecto del mortal en sabiduría espiritual y filosófica.

a *Fama* continuaba relatando la vida y muerte de Christian Rosenkreutz, presunto fundador y guía de la hermandad de la Rosa Cruz, que según el libro habría nacido en 1378 en Alemania, en el seno de una familia noble pero pobre. Al no poder ocuparse de él, sus padres le abandonaron en un monasterio cuando apenas contaba cinco años de edad. Tras aprender griego y latín, el joven Christian se unió a un monje en una peregrinación a Tierra Santa. El monje murió durante una escala en Chipre, y el joven, relata la *Fama* embarcó hacia Damasco, donde permaneció un tiempo.

Rosenkreutz demostró una habilidad natural para la medicina y atrajo en seguida la atención de los sabios de la ciudad, a la vez que encontró su inspiración en el conocimiento de la ciencia, las matemáticas y otros temas arcanos. El joven decidió apartarse de su itinerario original y buscar la sabiduría de Arabia en sus fuentes originarias. Los sabios de Damasco le dirigieron a una ciudad llamada Damcar —que nunca ha sido identificada y que se supone mitológica—. En Damcar los hombres sabios «a los cuales había sido revelada la naturaleza» recibieron al joven «no como un extraño, sino como a alguien largamente esperado, y le enseñaron todos sus secretos», entre los que se encontraban las matemáticas, la física, la alquimia y un documento al que la *Fama* se refiere como el *Libro M*. Este último tesoro, cuyo nombre completo es *Libro Mundi*, o *Libro del Mundo*, contenía todos los secretos del universo, y el joven Rosenkreutz decidió traducirlo al latín, para poder compartirlo con otros a su vuelta a Europa.

Después de tres años en Damcar, Rosenkreutz viajó a Egipto, donde estudió historia natural y los escritos metafísicos de Hermes Trimegistus, el legendario sabio egipcio. De aquí pasó a Fez (Marruecos) donde estudió magia y fue introducido en la interpretación de las Escrituras basada en la cábala hebrea medieval.

Rosenkreutz quedó asombrado con la forma en que los árabes y los africanos intercambiaban las nuevas ideas y rectificaban las viejas con el único propósito de avanzar en el estado general del conocimiento en bien de la humanidad. Y, aunque preocupado por la «impureza» de la magia practicada en Fez, dice la *Fama*, encontró la manera de emplearla al servicio de su propia fe cristiana.

La Fama relata que Rosenkreutz volvió a Europa a través de España, ansioso de dar a conocer sus nuevos conocimientos. Inocentemente, creía que los sabios de esta tierra se alegrarían de ver rectificados su conocimiento imperfecto, sus procedimientos erróneos y su mal orientada filosofía, pero, en lugar de ello, continúa el libro, el joven maestro fue recibido con mofa y hostilidad: «Para ellos fue motivo de risa, y al tratarse de algo nuevo, temían que, si reconocían sus antiguos errores, su buen nombre se vería puesto en entredicho». Rosenkreutz viajó a otros países, pero en todos encontró entre los sabios el mismo rechazo a la sabiduría árabe que había hallado entre los españoles, aunque algunos mostraron su interés por conocer los secretos de la alquimia, que por supuesto no les reveló.

esanimado, Rosenkreutz regresó a Alemania para meditar, y tras varios años de reflexión llegó a la conclusión de que el mundo no estaba preparado para la gran reforma moral e intelectual. Para evitar que todos sus conocimientos se perdieran, decidió recopilarlos en varios libros que se mantendrían en secreto hasta el comienzo de una nueva era. Para ayudarle en esta tarea, invitó a tres hermanos de su monasterio, creando una orden quasimonástica, conocida como los Hermanos de la Rosa Cruz, o rosacruces, cuyo propósito era, declara el autor, mostrar el verdadero camino a los demás.

El trabajo avanzaba con lentitud, debido a otras ocupaciones que requerían la atención de los hermanos. Las técnicas médicas que el padre Christian les había enseñado alcanzaron tanta fama en Alemania que los enfermos acudían a las puertas del monasterio en busca de curación. Por otra parte el padre Christian había decidido levantar un gran templo, el Domus Sanctus Spiritus (o Casa del Espíritu Santo) que fuera el hogar espiritual de la orden. Con el tiempo los hermanos decidieron iniciar a otros cuatro monjes en la orden, y juntos completaron el ambicioso plan del padre Rosenkreutz, la creación de una biblioteca dedicada por entero a las artes y las ciencias.

Una vez finalizado el trabajo, y sin ninguna razón para permanecer juntos, los rosacruces decidieron separarse y difundir su sabiduría médica por todo el mundo. Antes de partir acordaron seis reglas básicas que deberían cumplir siempre. La primera estipulaba que ninguno ejercería la medicina profesionalmente, y que ofrecerían sus servicios sin percibir dinero alguno. Segundo, jamás adoptarían un hábito monacal, sino que vestirían según las costumbres del país, para así mantener el anonimato. Tercero, se reunirían en el Sanctus Spiritus una vez al año en el «Día de C» (algunos historiadores especulan que debía ser la fiesta del Corpus Christi, el jueves siguiente al octavo domingo después de Pascua) para intercambiar información y renovar la hermandad. Cuarto, cada hermano debía elegir un sucesor al cual transmitiría todos sus conocimientos antes de morir, para perpetuar así la misión de la orden. Quinto, que las iniciales RC —del latín *Rosae Crucis*— se convirtieran en el símbolo, contraseña de la hermandad (podían utilizarse también como abreviatura del nombre de Rosenkreutz) y por último, mantener en secreto la existencia de la hermandad y sus conocimientos, hasta que les fuera dada la señal de divulgarlos.

Según la *Fama Fraternitatis*, los hermanos y sus elegidos llevaron a cabo su tarea año tras año, década tras década, consiguiendo una gran fama como curanderos (se dice que uno de ellos sanó de lepra al joven duque de Norfolk) mientras preparaban el terreno para la reforma moral que habría de llegar. El padre Christian murió en 1484, a los ciento seis años de edad «sin sufrir ninguna enfermedad, sino requerido por el Espíritu de Dios». Fue enterrado por dos de sus discípulos, que juraron mantener su tumba en secreto.

A su muerte siguió un siglo de tranquilidad y renovación de la secta, hasta que en 1604, algunos de los hermanos (incluido el autor del libro) hallaron, mientras construían un refugio (posiblemente en Alemania), una tumba misteriosa escondida tras una puerta sellada, en la que encontraron las palabras latinas «Reaparecerá al cabo de ciento veinte años». Tras entrar en la tumba, los hermanos encontraron un altar en el centro de una cúpula de siete lados, en la que, a pesar de que no llegaban los rayos del sol, había una luz brillante.

Cuando los hermanos rosacruces examinaron la bóveda encontraron todos los libros de la orden, junto con una copia del *Vocabularium* de Paracelso, físico y al-

Este grabado del siglo XVII, donde aparece un templo mítico de la orden de la Rosa Cruz, está lleno de imaginería rosacruz.

quimista suizo; la historia de la vida del padre Christian, y espejos «de diversas virtudes, campanillas, lámparas ardiendo y maravillosas canciones»; y llegaron a la conclusión de que habían descubierto la tumba de su fundador.

El hallazgo del libro de Paracelso no tuvo mayor trascendencia entre sus descubridores, pero sorprendió enormemente a los estudiosos del pensamiento rosacruz, ya que Paracelso, cuyo verdadero nombre era Teofrastus Bombastus von Hohenheim, no nació hasta 1493, diez años después de la muerte de Rosenkreutz.

Según parecía, todo había sido cuidadosamente dispuesto, de forma que si la orden desaparecía por cualquier causa podría reconstruirse a partir de los tesoros ocultos en la tumba. Los hermanos retiraron el altar y, según cuenta el libro, hallaron «el cadáver incorrupto» de Christian Rosenkreutz sosteniendo en su mano derecha una copia escrita con letras doradas del *Libro T*, descrito en la *Fama* como «nuestro mayor tesoro junto con la Biblia». Algunos autores han afirmado mas tarde que este capítulo es fruto de la imaginación del autor. Satisfechos por haber cumplido los deseos del padre Christian, los hermanos cerraron la bóveda y la sellaron, conscientes de que había llegado el momento de dar a conocer su mensaje de renovación moral y de abrir sus puertas a un gran número de seguidores.

cababa de empezar a circular la *Fama* en los círculos protestantes cuando hicieron su aparición otros dos libros sobre la filosofía rosacruz. El primero de ellos, titulado *Confessio Fraternitatis Rosae Crucis,* se dio a conocer en 1615. Escrito en latín, repetía el mensaje de la *Fama* más ferviente y explícitamente, y ofrecía más detalles acerca de la orden y su pertenencia a ella, incluyendo el hecho de que estaba abierta a todas las clases sociales. Proclamaba además las ideas del pensamiento de Christian Rosenkreutz y su condena al papa, Mahoma, los falsos alquimistas y a todos aquellos que no aceptaban la nueva ciencia.

El libro alude también a ciertos signos aparecidos recientemente en el «gran libro de la naturaleza», que se identificaban con el nacimiento de dos nuevas estrellas en

Las visiones de Jakob Boehme

La popularidad de la orden rosacruz en la Alemania del siglo XVII pudo deberse en parte a la labor de un zapatero de Görlitz llamado Jakob Boehme. Parece ser que Boehme tuvo su primera «iluminación» espiritual en 1600 cuando, a la edad de veinticinco años, vio una luz reflejada en un plato de estaño. Tal revelación le indujo a abandonar su profesión por los estudios místicos. En 1612 publicó su primera obra, *Aurora*, en la que trataba de explicar conceptos tales como el mal, la libre voluntad o la predestinación. Boehme siguió siendo un devoto luterano y al parecer no llegó a pertenecer a la orden de los rosacruces, pero se convirtió en un importante dirigente místico alemán, autor de una treintena de obras sobre los secretos de Dios, el hombre y la naturaleza.

Los estudiosos dicen ver ecos del misticismo alemán en la doctrina rosacruz. *Aurora,* por ejemplo, prometía «un nuevo amanecer de conocimiento interior» al igual que hacían los manifiestos rosacruces publicados en alemán en aquella época.

El ojo de Dios que todo lo ve (izquierda) aparece en la primera página de Aurora, *de Jakob Boehme. El antiguo zapatero (arriba) fue acusado de herejía cuando el libro se publicó. Para cuando murió en 1624, sin embargo, se había convertido ya en un respetado filósofo.*

las constelaciones Serpens y Cignus que el astrónomo checo Keppler había distinguido en 1604, año en que se descubrió la tumba de Rosenkreutz. Confessio considera este hecho como el anuncio de una época venidera en la que «el mundo despertará de su profundo sueño y con el corazón abierto y la mente desnuda irá al encuentro del sol naciente».

El tercer y último libro de la trilogía, *La boda química de Christian Rosenkreutz*, aparece en Estrasburgo un año después. Descrito como un romance hermético, el libro relata las aventuras de un maduro Rosenkreutz invitado a una boda mítica, basada en la celebrada en 1613 entre el joven príncipe Federico V, heredero al trono de Bohemia y la princesa Isabel, primogénita de Jaime I de Inglaterra, suceso de vital importancia política para el protestantismo en Europa. La historia está repleta de alusiones alegóricas y símbolos cosmológicos, alquímicos, astrológicos, mágicos y caballerescos, que parecen haber sido la principal preocupación del autor.

La alegoría comienza con la preparación de Rosenkreutz para la celebración, en la cual tiene que realizar todo tipo de pruebas y extraños ritos de iniciación, que supera con éxito, en lo que se considera como una progresión espiritual. Finalmente es nombrado Caballero de la Orden de la Piedra Dorada, siendo este acto una referencia aparente a la piedra filosofal, por medio de la cual los metales básicos se transforman en oro y plata. Como en los documentos de la antigüedad, el autor no repara en palabras para hacer ver que el verdadero propósito de Rosenkreutz y de todos aquellos que pertenecían a la orden era la transformación del espíritu, y no la alquimia.

La boda química, al igual que los otros dos libros, es anónima, pero a diferencia de los anteriores, su autoría fue reivindicada por Johann Valentin Andrea. Este erudito estudió en la Universidad de Tübingen (Alemania) en la primera década del siglo XVII y conocía bien las matemáticas, la óptica, la astronomía y la filosofía, así como los grandes escritos árabes y hebreos , las obras humanistas de los siglos XIV y XV, los tratados de la reforma protestante, los libros de John Dee y los ensayos mágico-científicos de la época isabelina. Aún más, conocía a los herméticos, el misticismo cristiano y la cábala, debido a su relación con un pequeño círculo de visionarios nacido en torno a la figura de Christoph Besold, profesor de Derecho en Tübingen.

os historiadores especulan acerca del nacimiento del libro en las reuniones de Besold y sus protegidos, pero sus intenciones están todavía sin aclarar. Cuando Andrea reconoció su autoría era ya un respetado clérigo luterano opuesto al pensamiento rosacruz, y le costó mucho trabajo distanciarse de su obra, calificándola como una sátira concebida en su loca juventud.

Ni él ni sus compañeros reclamaron jamás la autoría de los otros manifiestos, pero se cree que Andrea escribió las tres obras ayudado por Besold y los demás, y que éstas fueron elaboradas con el deseo utópico de promover una reforma general del mundo. Además, la situación socia l e intelectual de Alemania a comienzos del siglo XVII era tal que no es de extrañar que un grupo de jóvenes liberales se dedicara a tan noble causa. El siglo anterior, encendido por los conflictos de la Reforma y la Contrarreforma y las maniobras políticas de los pequeños principados, había apartado a Europa del ideal de unidad, paz y prosperidad,

Pero fuera cual fuera la verdad, la aparición de los tres libros fue causa de revuelo y profundas controversias. Armados con los visionarios panfletos, los rosacruces acosaban a los eruditos, con la esperanza de alcanzar cierta credibilidad. E, inevitablemente los charlatanes empeza-ron a vender materiales supuestamente rosacruces, como secretos alquímicos y fragmentos de la piedra filosofal, por enormes sumas de dinero. Una conocida víctima fue el holandés Ludovicus Orvius, que pagó el equivalente a 100.000 pesetas en

1622 en concepto de cuota a un estafador, que , naturalmente, desapareció sin revelarle ninguno de los «secretos de la naturaleza». Un noble francés, Henri de Bouillon, abrió su bolsa cuando un presunto rosacruz le ofreció revelarle los secretos de la fabricación del oro. Ante los ojos del duque, el impostor mezcló unas onzas de óxido de plomo con una pequeña cantidad de "polvo rosacruz especial para la transmutación", que era en realidad polvo rojo que previamente había mezclado con unos gramos de oro. Calentó esta mezcla, musitó las pertinentes palabras mágicas, y enseñó una pequeña pepita del precioso metal. Deslumbrado por las posibilidades del invento, el duque insistió en comprar hasta el último gramo de polvo que había en la bolsa, y dio una importante cantidad en depósito por un cargamento que le sería servido después. En cuanto el impostor se marchó con 20.000 coronas en el bolsillo, el duque Henri descubrió que había sido engañado, y que los carísimos granos rojos no eran más que polvo sin valor alguno.

Mientras algunos utilizaban todo tipo de estrategias para simular su pertenencia al grupo —sobre todo movi-

*El estudioso alemán Johann Valentin Andrea (arriba) admitió haber escrito **La boda química** durante su juventud. Es posible que fuera el autor de otras obras rosacruces tempranas.*

dos por el afán de lucro— otros se afanaban por demostrar que no tenían nada que ver con ella, sin duda debido a sus alusiones heréticas y a las prácticas mezquinas de algunos de sus supuestos miembros. Uno de éstos fue René Descartes, que conoció la existencia de la orden durante su estancia en Alemania en el invierno de 1619-1620, cuando comenzaba a formular su teoría de que las leyes naturales están basadas en determinados sistemas mecánicos. No es de extrañar, por tanto, que se sintiera intrigado por los rumores que hablaban de una sociedad de hombres que prometían una nueva sabiduría y una «ciencia verdadera», basada en la conjunción de «teología, física y matemáticas».

Descartes intentó en vano contactar con los hermanos de la Rosa Cruz, y tras varios meses de gestiones infructuosas llegó a la conclusión de que todo era un montaje ficticio. Cuando al volver a París en 1623 encontró a la ciudad sumida en un alboroto rosacruz, y escuchó los rumores que le incluían entre «los invisibles», comen-

Esta ilustración tomada de un manuscrito de 1598 titulado Splendor Solis, *recrea el renacimiento del alma a través de la alquimia espiritual, un punto central del pensamiento rosacruz. Empleando los símbolos de la alquimia médica, que buscaban transformar los materiales básicos en oro, el artista muestra a un hombre saliendo del barro, en un primer estadio de la transmutación. La reina de blanco representa el segundo estadio, y la cabeza roja del hombre, el tercero o final.*

zó a temer por su propia seguridad, sobre todo a la vista de la actuación de la Iglesia contra la nueva secta, e hizo lo único que pudo para restaurar su nombre. Como ex-plica uno de sus biógrafos, «se hizo visible a todos» y especialmente a sus amigos", lo cual ayudó a acallar las sospechas.

La Boda Química fue la última manifestación oficial de los rosacruces durante más de un siglo, aunque en las décadas posteriores, muchos de los grandes hombres que pertenecían a la secta, entre los que se encuentran Michael Maier y Robert Fludd, continuaron ofreciendo argumentos en su defensa.

Maier, médico alemán de la región de Holstein, al norte de Alemania, que conocía muy bien la obra de Paracelso, había sido un brillante si bien algo inestable Iconoclasta, cuyo interés en la alquimia, de tendencias claramente metafísicas, le había llevado a descubrimientos prácticos que le convirtieron en el farmacólogo más destacado de su tiempo. Maier era igualmente místico en sus ideas, y sus intereses abarcaban también las ciencias naturales y la filosofía. Atrajo la atención del emperador Rodolfo II de Hungría, que le llamó a su corte de Praga en calidad de médico personal y secretario. Debido a la gran pasión de Rodolfo por la alquimia, su corte se convirtió en el lugar de encuentro de los grandes especialistas europeos, y se dice que a su muerte su tesoro contaba con ochenta y cuatro galones de oro y sesenta de plata, fabricados supuestamente por los alquimistas a su servicio.

La fiebre alquímica pareció afectar también a Maier, que a su llegada a la corte se dedicó exclusivamente a la búsqueda de la piedra filosofal, no con la intención de fabricar oro, sino por las posibilidades químicas y filosóficas que ésta ofrecía. Poco después de la muerte de Rodolfo en 1612, Maier consiguió un puesto en la corte de Maurice landgrave de Hesse, en Kassel, donde se estaba preparando la publicación de los manifiestos rosacruces, aunque no es seguro que Maier, de convicciones luteranas, se interesase por la secta durante su estancia allí. En 1615, durante un viaje a Inglaterra, trabó conocimiento con Robert Fludd, otro médico de tradición paracelsiana. Ambos parecen haber comulgado con el pensamiento rosacruz, si bien no llegaron a ser miembros de la orden.

A su vuelta a Kassel, Maier escribió *Silentium post Clamores,* en el que defiende la *Fama* y el *Confessio* como trabajos sinceros que todo hombre de buena voluntad debe llevar en el corazón, y explica que la postura de retrasar la iniciación de los posibles candidatos era una señal del rigor de la normativa de la orden. Los aspirantes a rosacruces eran sometidos durante cinco años a una observación secreta para saber si eran dignos de ser aceptados, a diferencia de las pruebas impuestas en la antigüedad por grupos como los orfistas, los pitagóricos o los discípulos de Isis y Osiris.

Maier reconoce que tanto los aspirantes rechazados como los admitidos debían jurar silencio, aunque no existía forma alguna de conocer su número sino desde dentro de la orden. Respecto a los símbolos, la rosa y la cruz, Maier los concibe como reglas de conducta en la vida: aquel que quiera alcanzar la rosa (sabiduría infinita) debe aceptar la

disciplina de la cruz (una serie de pruebas), y añade que desearía que los propósitos de la orden fueran descritos de forma más directa, ya que incluso él los encontraba algo confusos.

Al año siguiente pareció haber alcanzado un conocimiento más profundo de la orden rosacruz, y escribió unos comentarios a las seis reglas descritas en la *Fama*, titulados *Themis Aurea*, en los que afirmaba que las personas dispuestas a juzgar la hermandad debían distinguir entre los impostores y los verdaderos adeptos de «increíble virtud», conocedores de los secretos de la «magia natural», de «la perfección en todas las artes» y de «la anatomía y el concepto de Universo». Como si de una experiencia personal se tratara, Maier aludía a personas y lugares concretos relacionados con la hermandad, que según relata, «podrían dirigir al lector inteligente y confundir al ignorante». El lector inteligente conectado con el medio de Maier podría interpretar estas vagas referencias de una ciudad a la orilla de un río con una iglesia del Espíritu Santo como la ciudad de Heidelberg, aunque no hay evidencia alguna de que la orden operase allí en aquella época.

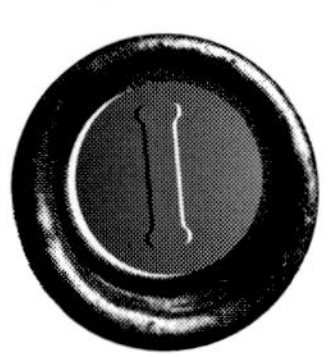 mpulsado por un fervor rosacruz, Maier publicó en 1618 dos libros más en nombre de la orden. El primero de ellos, *Viatorum*, es una alegoría dedicada a la filosofía alquímica y la transmutación espiritual, en donde se amplían los temas propuestos por Andreas en su *Boda Química*. El segundo, titulado *Atalanta Fugiens* es una colección de símbolos acompañados de comentarios acerca de los caminos de la verdad religiosa, alquímica y moral.

Mientras tanto, Robert Fludd, excéntrico físico que estudió en Oxford, y que se convertiría en el sucesor filosófico de John Dee, trabajaba en la promoción de la doctrina rosacruz entre sus paisanos. Probablemente Fludd entrara en contacto con la hermandad al conocer a Maier en Inglaterra, o durante la gira de seis años que realizó por Europa.

No resulta extraño que Fludd se sintiese atraído por la orden, si se tienen en cuenta sus estudios de filosofía hermética, Cábala, alquimia y medicina paracelsiana. En todo caso, involucrado como estaba en la orden y encolerizado por las críticas de que ésta era objeto, en 1616 escribió una réplica titulada *Apología de la fraternidad de la Cruz Rosa, azotada por la sospecha y la infamia, pero ahora limpia y purgada por el Agua de la verdad*, en la que define a los hermanos como verdaderos cristianos y descendientes espirituales de Hermes Trimegistus, y se declara discípulo sin ser miembro. Fludd pensaba que posiblemente la orden Rosa Cruz no existiera como una organización formal, y que fuera tan sólo un colectivo de mentes con intereses espirituales y filosóficos afines, hecho que en sí mismo bastaría para constituir un movimiento, y afirmaba que «todo teólogo de la Iglesia Mística es un hermano de la Rosa Cruz».

Fludd publicó otro libro en el que establecía las diferencias entre la magia negra y la magia blanca, asegurando que los rosacruces sólo practicaban esta última que, junto con la magia de la Cábala estaba dirigida a invocar a los ángeles. El libro continúa con una revisión del estado general de las ciencias y las artes, a la vez que recoge las quejas de John Dee y del filósofo Francis Bacon, cuyos nombres han sido frecuente, aunque circunstancialmente, asociados con el pensamiento rosacruz. Fludd propuso en su obra una reforma en el ámbito de las cien-

La piedra filosofal, de la que se decía tenía el poder de transformar los metales en oro, aparece por doquier en esta ilustración procedente de un tratado de 1618 de Michael Maier sobre alquimia espiritual. Para los rosacruces, la búsqueda de esta piedra mítica simbolizaba sus ansias de renacimiento espiritual.

cias matemáticas, entre las que incluye la geometría, la aritmética, el álgebra y la óptica, para plantear una utopía en la que ética, política, leyes, teología y economía debieran estar sometidas al escrutinio de las personas virtuosas y encerrar mayor armonía.

Según su propio testimonio, Fludd nunca tuvo contacto directo con ningún miembro de la orden, y a su muerte en 1637 parecía como si la hermandad hubiera muerto con él. El interés por la orden decaía, al tiempo que surgían nuevos movimientos intelectuales y filosóficos tanto en Inglaterra como en el continente. Aunque se dice que estas nuevas sociedades —los masones y las reales hermandades científicas— eran de inspiración rosacruz, y como tal fueron los primeros frutos del fraternalismo que siempre profesaron los rosacruces, Thomas De Quincey, quien en el siglo XIX estudió la relación entre masones y rosacruces, afirma que la doctrina rosacruz llegó a Inglaterra y fue absorbido rápidamente por los masones, herederos de los gremios masones del medievo (páginas. 76-79) que dieron a aquellos ideales utópicos una expresión concreta.

En cualquier caso, no se supo casi nada de la orden durante el siglo posterior a la muerte de Fludd. Quizá, como señala la tradición, la fraternidad había entrado en uno de sus ciclos de «silencio», a la espera del momento de renacer. No obstante, y como suele ocurriren estos casos, no existe evidencia al-

La visión de un alquimista sobre la creación

Víctimas de las críticas, los rosacruces del siglo XVII encontraron un firme defensor de su doctrina en el médico y alquimista de Oxford Robert Fludd (arriba). Parece ser que Fludd había desarrollado por su cuenta teorías sobre el hombre y la naturaleza similares a las rosacruces. Su voluminosa obra titulada *Historia del Macrocosmos y el Microcosmos* buscaba la unidad entre el universo macrocósmico y el mundo microcósmico del individuo, una unidad que la hermandad también perseguía.

La teoría de la creación de Fludd, ilustrada en cinco de los seis grabados de abajo es uno de los puntos centrales de su Historia. A los ojos de Fludd la materia prima de que estaba hecho el cosmos era un abismo infinito, oscuro y amorfo. En el primer momento de la creación, decía, había hecho su aparición una forma espiritual de luz,

La gran oscuridad

La primera aparición de la luz

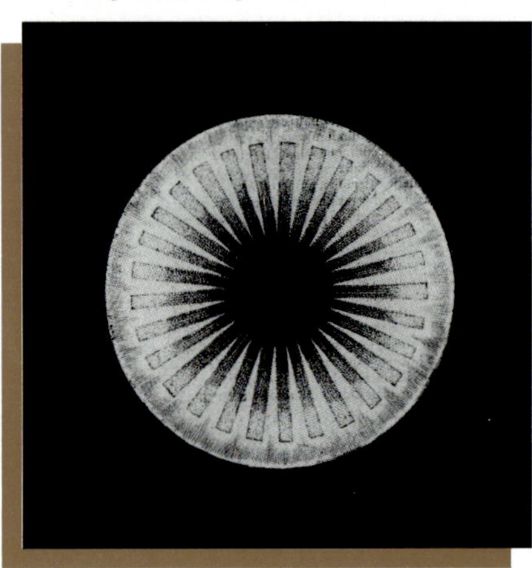

La separación de las aguas

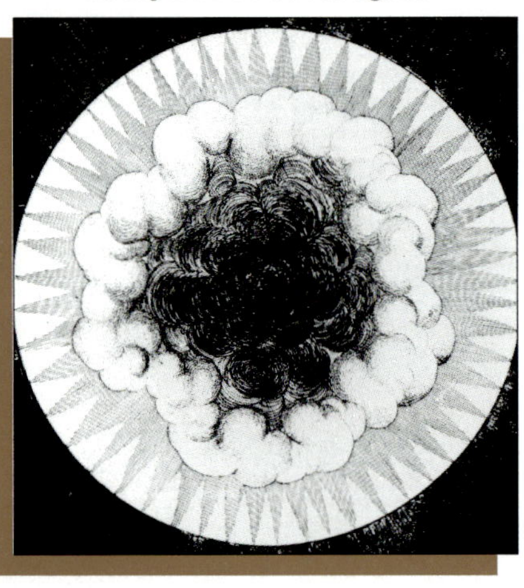

guna que pueda apoyar esta teoría, y es igualmente plausible que el movimiento desapareciera por falta de apoyo.

Durante las primeras décadas del siglo XVIII, y coincidiendo con un periodo de creciente afición por el ocultismo, la orden reapareció en forma de diferentes organizaciones que afirmaban ser la verdadera y antigua Orden de la Rosa.Cruz Todas ellas buscaban sus antecedentes más allá de Christian Rosenkreutz, pero habían perdido el antiguo interés por las verdades cósmicas y el espiritualismo. Los nuevos rosacruces eran en general materialistas, y su principal objetivo era la práctica de experimentos alquímicos y la fabricación de falsas piedras preciosas. Tanto fue así, que los más interesados en pertenecer a la orden eran diletantes y pseudocientíficos.

Claro que los nuevos hermanos no eran necesariamente impostores, y en muchos casos estaban convencidos de sus propios argumentos. El estado en que se hallaba la investigación científica a principios del siglo XVIII era tal, que cualquier nueva revelación de «tradiciones» históricas y «artes secretas» era acepatada sin cuestionar su validez.

Según relata el ensayista Sir Richard Steele en uno de sus artículos en el *Tatler*, los rosacruces reaparecieron en Inglaterra en 1709, como «un grupo que bajo el título de Bellos Compañeros (Pretty Fellows), toma nuevos nombres, adopta sus propios signos y símbolos como los masones, pero aparentemente se distinguen de ellos y desprecian a la mujer» —posiblemente en la tradición del voto de castidad original rosacruz—.

Al tiempo que surgía este grupo inglés, aparecía un núcleo alemán en Breslau, cerca de la frontera polaca. Su cronista fue Sigmund Ritcher, que bajo el seudónimo Sincerus Renatus, escribió en 1710 *Una perfecta y verdadera perfección de la piedra filosofal, según los métodos secretos de los hermanos de la Dorada y Rosa Cruz* Ritcher, que afirmaba pertenecer a la fraternidad, divide a ésta en dos ramas, la Dorada y la Rosa, cada una de las cuales estaría formada por treinta y un miembros o adepti, bajo la vigilancia de un «imperator». Ritcher no hace alusión alguna a la existencia de diferencias básicas entre

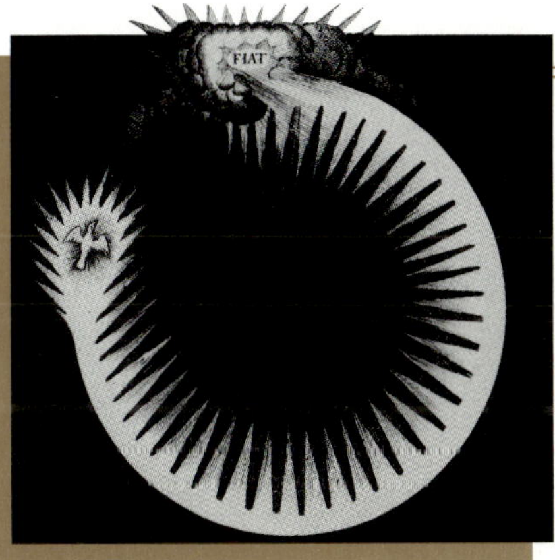

El comienzo de la creación divina

Los elementos apresados en el caos

representando la inteligencia angelical, "la virtud de los cielos, el alma racional del hombre y la fuerza vital de los reinos terrenos".

El orden impuesto por el sol

A continuación, la luz divina había separado a la materia en aguas inferiores y superiores. Las inferiores, representadas en el tercer dibujo como una nube oscura, permanecían pasivas, mientras que las aguas superiores que las rodeaban encerraban el fuego del amor. En un cuarto momento, las aguas inferiores emergían como una masa caótica, con los cuatro elementos luchando unos contra otros. Restaurado al orden en el cuarto dibujo, los elementos se hayan dispuestos en círculos concéntricos de fuego, agua y tierra alrededor del sol.

El sexto dibujo relacionaba las teorías de Fludd con la creación de la Tierra descrita en el Génesis. Coronada por la palabra primera de Dios fiat, o "déjalo que sea", la imagen representa la luz angelical que aparecía en el primer día obedeciendo a su mandato. Según la Historia, los días segundo y tercero de la creación vieron el nacimiento del firmamento celestial y de la tierra.

ambas ramas en lo que se refiere a sus actividades, afiliaciones religiosas u orígenes, pero sí destaca que el antiguo espíritu antipapal ha sido reemplazado por una actitud de tolerancia religiosa, signo de que las conmociones partidistas de la Reforma y la Contrarreforma se estaban debilitando.

El pensamiento de Ritcher destaca por su énfasis en las reglas y los ritos; señala cincuenta y cinco reglas, alguna de ellas particularmente específica, como la número treinta y seis, que advierte que «ningún Hermano debe llevar en sus viajes el Tesoro de la Filosofía en forma de aceite, tan sólo pueden hacerlo en forma de polvo de la primera proyec-

ción, dentro de una caja metálica con tapa de metal». Además, a los seguidores de la orden les estaba prohibido «fabricar perlas o cualquier otra gema de tamaño superior al natural» así como «la divulgación de la materia secreta y sagrada, o cualquier manipulación, coagulación o solución de la misma».

Como en la antigüedad, los hermanos de la Dorada y Rosa Cruz de Ritcher debían elegir a sus sucesores, pero esta elección, al igual que la iniciación y la trayectoria de los nuevos hermanos, era mucho más explícita que en el pasado. Una vez que un nuevo hermano completaba su iniciación era recibido en «una de la Casas construidas con nues-

---

tro esfuerzo», se le daba la señal de la paz con un ramo de palmera, y después de besarle tres veces, se le conminaba al silencio.

A continuación el iniciado se arrodillaba y rezaba la oración de la orden, jurando «por el Eterno Dios que nunca revelaré el Misterio que me ha sido comunicado a ninguna persona, y que lo guardaré todos los días de mi vida. También mantendré en secreto todas las cosas relativas a él, en la medida en que se me den a conocer. No descubriré nada relacionado con la Orden o el paradero, nombre o apellido de nuestro Imperator, ni enseñaré la Piedra a persona alguna. Prometo guardar silencio sagrado en todo lo referente a esto, aun a riesgo de mi vida, ya que Dios y su Palabra me ayudarán siempre».

El maestro del iniciado cortaba entonces siete mechones del pelo de éste, y enrollaba cada una de ellos en un pedazo de papel, en el cual estaba escrito el nombre sacramental y de nacimiento del hermano y se lo entregaba al emperador para que lo guardara. A partir de ese momento el hermano saludaba a los otros en un intercambio ritual de contraseñas, reducía al mínimo su contacto con las mujeres —aunque los miembros de la orden eran libres de casarse si realmente lo deseaban— y proseguía trabajando en «la Piedra y el Gran Elixir», posiblemente alquimia y medicina. Según otro testimonio, los miembros de algunas logias llevaban consigo un cordón de seda negra, que usaban para autoestrangularse en caso de que les asaltaran tentaciones de revelar los secretos de la orden.

La secta de los rosacruces pervivió durante gran parte del siglo XVIII antes de volver a desaparecer. Una de sus ramas, conocida como la Hermandad Asiática de la Rosa Cruz , apareció en Amsterdam alrededor de 1780. Creada por el barón Hans Carl von Ecker und Eckhoffen, dicha hermandad atraía a su círculo a judíos, turcos, persas, armenios y cristianos ortodoxos, y se ocupaba de mate-rias prácticas como la fabricación de oro, de medicinas milagrosas, y cómo controlar los cuatro espíritus ele-

mentales: las sílfides del aire, las ondinas del mar, los gnomos de la tierra y las salamandras, que habitaban el fuego.

os iniciados de la Hermandad Asiática debían atravesar cinco estadios antes de alcanzar la sabiduría sublime. En el primero de ellos, el de los «buscadores», debían ir vestidos de negro, con un sombrero hongo con plumas negras, un fajín negro con tres botones rosas y una espada con una borla negra. Al cabo de catorce meses, el «buscador» alcanzaba el rango de «sufridor» y durante siete meses vestía el mismo atuendo negro animado con algo de blanco, participando ya en algunas «investigaciones» secretas.

En los tres estadios restantes se le iban confiando secretos cada vez más importantes. Sin embargo, parece ser que la orden era una mera estratagema para llenar las arcas del Barón von Ecker con las cuotas de iniciación y con las que debían pagarse para alcanzar los rangos más elevados. Como muchas otras falsas órdenes rosacruces, ésta sobrevivió hasta que hubo agotado a los habitantes de la localidad susceptibles de ser engañados. Tal vez debido a la vergüenza, las víctimas estafadas raramente protestaban. Un hombre valiente- que preservó su identidad bajo el seudónimo Magister Pianco escribió en 1782 una airada revelación bajo el título *El rosacruz al descubierto,* que relata los años de estudio y de paciente escalada en la jerarquía rosacruz con la esperanza de ser un día instruido en el misterio de las «cosas divinas», todo para descubrir un día que tal instrucción no habría de llegar nunca, pues de hecho no existía. Pianco describe al imperator como un personaje aterrador, «una especie de híbrido entre hombre y bestia, con el que ningún cristiano honesto podría enfrentarse sin miedo a ser desollado vivo, y que pronunciaba blasfemias de las que hasta el más violento hereje se sentiría avergonzado».

En esta época surgió una figura que se benefició en

gran medida de su supuesta asociación con los rosacruces: el conde de Saint Germain, famoso erudito y caballero que parece haber llevado una docena de vidas distintas, y que gozó de un enorme prestigio en las cortes de toda Europa durante treinta y cinco años.

El conde hizo su aparición en la escena londinense en 1743, cuando rondaba la treintena. Su talento polifacético le franqueó el acceso a los grandes salones, donde no sólo componía música y tocaba el violín de forma magistral, sino que demostró tener una memoria portentosa para los datos históricos, y una enorme facilidad para hablar todas las lenguas europeas además del chino, el árabe, el sánscrito, el griego y el latín. Fue un reputado inventor, y demostró tener una gran habilidad para la química, especialmente en lo relacionado al teñido de ropas, tan de moda entre los aristócratas de su tiempo. Se rumoreaba que conocía el secreto de la mutación de las piedras y los metales preciosos, y que era poseedor de una fórmula secreta para prolongar la vida. Afirmaba tener más de 2.000 años y muchos se preguntaban cómo era posible que no envejeciera. El inglés Horace Walpole decía de él: «Se cree que es italiano, español, polaco; y se dice que desposó a una mujer inmensamente rica en México y que huyó con todas sus joyas a Constantinopla; un sacerdote, un violinista, un noble». El propio Walpole le consideraba un músico superdotado pero algo loco.

Algunos años después el conde se proclamaría hijo de un príncipe húngaro y una princesa alemana, afirmando haber sido educado en Italia por los Médicis. Había en cambio quien se burlaba de él, diciendo que era un judío portugués. Pero sean cuales sean sus orígenes, tenía el verdadero aspecto de un caballero, y a su llegada a la corte de Luis XV muchas mujeres quedaron cautivadas por él. La condesa d'Adhémar escribió: «sus calzas, que llevaba muy ajustadas, revelaban la extraordinaria perfección de sus formas; su sonrisa dejaba al descubierto una dentadura perfecta, un pequeño hoyuelo señalaba

su barbilla; su cabello era negro y su mirada dulce y penetrante. ¡Y qué ojos! Nunca he visto unos parecidos».

Los hombres también quedaron impresionados con el conde. El propio Voltaire le describió como «un hombre que nunca muere y que lo sabe todo», y el alquimista, hipnotizador y nigromante italiano Alessandro Cagliostro tuvo que reconocer que su rival era un hombre de talento extraordinario e inexplicable.

Si Saint Germain perteneció o no a la Orden Rosacruz es un misterio. Historiadores posteriores del ocultismo, incluida Helena Petrovna Blavatsky, la controvertida fundadora de la teosofía (páginas 100-117), le consideran rosacruz, a la vista de sus logros. Annie Besant, una de las más fervientes discípulas de Blavatsky, creía firmemente que Saint Germain era la reencarnación de Sir Francis Bacon y Christian Rosenkreutz.

o que es cierto es que Saint Germain parecía encarnar más que cualquier otra figura pública la idea que se tenía entonces de un caballero rosacruz, aunque llevara una vida bastante más frívola y menos espiritual de lo que los fundadores de esta orden hubieran deseado. Además del de conde, poseía innumerables nombres y títulos, que asumía probablemente por pura diversión, o con objeto de hacerse pasar por alguien distinto. El conde viajaba tanto, y tan a menudo, y hablaba tantas lenguas que los ignorantes bien podían pensar que tenía la capacidad oculta de transportarse en el tiempo y en el espacio, posibilidad ésta defendida en los antiguos manifiestos rosacruces. Era un hombre de buenísima voluntad, descrito por el príncipe Carlos de Hesse como «un amigo de la humanidad» y «uno de los más grandes filósofos que hayan existido jamás». Solía deleitar a sus invitados con todo tipo de jue-gos herméticos, incluido un juego de manos mediante el cual convertía diaman-tes brutos en tallas per-fectas.

Uno de los detalles más intrigantes de su vida es la fecha de su muerte. Se dice que murió en Schleswig en 1784, cuando, invitado por Carlos de Hesse, tocó accidentalmente un veneno de los que solía utili-zar parasus experimentos. Tras su muerte, sin embargo, hubo quien seguía cre-yéndole vivo, y existen numerosos testimonios de perso-nas que aseguraron haber-le visto y hablado con él después de muerto. En su mayor par-te, dichos encuentros habían tenido lugar en situaciones macabras, como la ejecución de María Antonie-ta en 1793, la muerte del duque d'Enghien en 1804, y la vís-pera del asesinato del duque de Berri en 1820. Parecía como si el conde quisiera recordar a las gentes su inmortalidad, mostrando así su superioridad frente a las de-más almas terre-nales.

Para cuando el conde fue visto por últi-ma vez, la hermandad rosacruz había entrado ya en otra de sus épocas de si-lencio, quizá con el fin de hacer frente lo mejor posible a los profundos cambios políticos que agitaban Europa y América. Claro que siempre había falsos rosacruces que conti-

Este cartel representando a unas mujeres en su camino a la eternidad es un ejemplo del tipo de obras de arte exhibidas en los populares salones de Joséphin Péladan, fundador de una de las sectas rosacruces escindidas.

nuaban vendiendo supuestos fragmentos de la piedra filosofal y reclutando miembros para la orden. El nombre de ésta permaneció vivo, pero sus simpatizantes fueron absorbidos por las logias masónicas o bien desaparecieron por completo. En la segunda mitad del siglo XIX, no obstante, tuvo lugar un resur-gir del interés por las ciencias ocultas, que trajo consigo el desarrollo del moderno rosacrucismo. Éste, impulsado por el creciente interés por lo supranatural, iría mucho más allá del sencillo y tranquilo idealismo de las antiguas hermandades.

Este renacer de la orden se alimentó fundamentalmente de los escritos ocultistas del abad francés Alphonse-Louis Constant, clérigo apóstata que abandonó la Iglesia por la magia. Tras cambiar su nombre por el de Éliphas Lévi, el clérigo aceptó las bases tradicionales sobre las que se asienta la magia, como es la de que el hombre es un microcosmos del universo, y que en el cosmos todas las cosas están unidas por una red invisible de correspondencias internas, que en ocasiones son reveladas a los mortales a través de signos y talismanes. Él fue el primero, sin embargo, en conectar la Cábala con las cartas del Tarot.

En su libro *Magia Trascendental, su doctrina y rituales,* publicado amediados de la década de 1850, Lévi afirmaba haber descubierto una correspondencia entre las veintidós letras del alfabeto hebreo, las veintidós cartas del tarot y los veintidós caminos del árbol de la vida. Dichas correspondencias, una vez desvelados sus significados, mostrarían al hombre las claves para descifrar los misterios de la vida.

Aunque Lévi siempre negó su pertenencia ala orden, sus teorías sobre la magia y las correspondencias impulsaron a una nueva generación de adeptos a revivir el movimiento rosacruz, con la magia y la Cábala como principios organizadores. En 1866, por ejemplo, un grupo de masones ingleses creó la Societas Rosicruciana en Anglia para «ayudarse y animarse mutuamente en la resolución de los problemas de la vida y el descubrimiento de los secretos de la naturaleza». La SREA desarrolló un ambicioso plan para cultivar «los procesos mentales que iluminaban el espíritu y ampliaban el poder de los sentidos».

El excéntrico Joséphin Péladan (derecha) se convirtió en una figura notable dentro de la corriente literaria simbolista francesa. El dibujo de la parte superior procede de su libro La Queste du Graal (La búsqueda del Grial), publicado en 1884, que formaba parte de una serie de novelas sobre temas ocultistas y esotéricos.

Hasta ese momento nunca se había conocido el número exacto de miembros de la hermandad, pero la SREA parecía orgullosa de anunciar que en 1870 la rama inglesa contaba con más de 144 miembros entre los nueve grados que iban desde el zelator (de celo en la búsqueda de iluminación), hasta el magus (el sabio o mago). El grupo inglés tenía seguidores en Alemania, India, las colonias francesas y Suramérica, y contaba con 500 miembros en todo el mundo. Con el tiempo, sin embargo, algunos de los fundadores de la nueva orden decidieron establecerse independientemente, y en 1887 formaron un nuevo grupo conocido como la Orden Hermética del Amanecer Dorado, con una ideología rosacruz, teosofista y basada en la magia (páginas 118-127).

Durante la misma época, las teorías cabalísticas de Éliphas Lévi dieron lugar a un nuevas sectas derivadas de los rosacruces. La primera de éstas fue la Ordre Kabbalistique de la Rose-Croix, una exótica organización fundada en 1888 por el marqués Stanislas de Guaita, un poeta aficionado al tarot y a la numerología. La jerarquía creada por de Guaita consistía de un Consejo Supremo de los Doce, y contaba con pocos miembros ordinarios. Como escribe un cronista de la época, «no habiendo nada que gobernar, permanecían en una inercia continua», hasta que en 1918, Joséphin Péladan, un miembro del consejo harto de la situación, se escindió y creó su propia Orden de la Rosa Cruz del Templo y del Grial.

Péladan era un excéntrico que paseaba por Paris vestido con hábito o con ropajes medievales, y que se hacía llamar Sar Merodack, nombre tomado de los antiguos asirios y caldeos. Durante su juventud había sido contable en un banco y se dedicaba a escribir novelas erótico-ocultistas y tratados tales como *Cómo convertirse en hada* y *Cómo convertirse en mago*. El motivo principal de esta escisión fue el paganismo de las creencias y rituales de la Ordre Kabbalistique de Guaitas, que chocaba con su intención de unir las doctrinas rosacruces con el catolicismo puro, en un movimiento libre de materialismos.

El movimiento de Péladan terminó por destruir la orden de Guaitas, no sólo por razones de ortodoxia religiosa, sino porque Péladan incorporaba preocupaciones estéticas y literarias que en el París de la época tuvieron mejor acogida que las cartas del Tarot. Desde 1892, Péladan inició una serie de talleres artísticos, dio conferencias sobre la pintura mística, y escribió varios tratados ocultistas, que describía como las obras perdidas del gran dramaturgo griego Esquilo.

Pero a pesar de la actividad de la orden en Europa, ésta no pareció asentarse definitivamente en Norteamérica hasta la primera década del siglo XX. Sin embargo, una vez establecida en el Nuevo Mundo, la sociedad adoptó distintas versiones, cada una de las cuales contaba con diferentes historias concebidas para dotar a la empresa de tradición y autoridad.

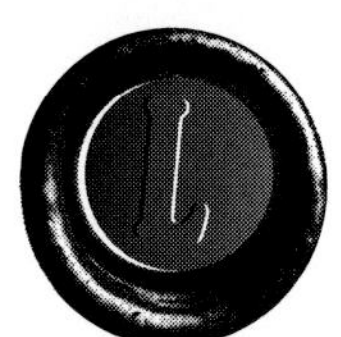 a primera en manifestarse públicamente fue la Fraternidad Rosacruz, (Rosicrucian Membership), fundada en 1907 por el emigrante alemán Carl van Grassof, que en la época de su conversión era miembro del Movimiento Teosofista de Los Ángeles, y que reconocía haber sido iniciado en la hermandad por algunos miembros que conoció durante un largo viaje por la Europa del este. A su vuelta a California, cambió su nombre por el de Max Heindel, escribió un libro titulado *Concepción Cósmica Rosacruz,* en el que desvelaba todos los secretos que le habían sido revelados, y partió en busca de miembros para su orden, a quienes prometía instrucción en la sede central de Oceanside, al sur de Los Ángeles. Sus seguidores creían en la reencarnación, en la existencia de espíritus benignos y en los efectos nocivos del tabaco, el alcohol y la carne, elementos a los que debían renunciar al entrar en la orden.

Otro grupo de rosacruces surgió en torno a la figura de R. Swinburne Clymer, quien en esa misma época se autoproclamó jefe de la Fraternitatis Rosae Crucis. El grupo de Clymer, que tenía su sede en Quakertown (Pensilvania), se remontaba históricamente al año 1858. Sus creencias eran parecidas a las del grupo de Heindel, y hay poco que decir acerca de sus miembros. Existe una tercera variante, la Societas Rosicruciana en América, fundada en 1907 por Sylvester C. Gould, con base en Kingston (Nueva York).

La última y más duradera fue la Antigua y Mística Orden Rosae Crucis (AMORC) de San José (California), que remontaba sus orígenes en el continen-

Una obra alemana anónimo de 1943, publicada en plena Segunda Guerra Mundial, contenía esta acuarela, copia de una ilustración de un manuscrito también alemán de 1785, titulado *Símbolos secretos de los rosacruces. La obra describe la lucha entre el bien y el mal, representada por el árbol de la sabiduría del jardín del Edén.*

te americano hasta 1693, cuando un grupo de místicos alemanes emigró a Pensilvania en busca del «elixir de la vida» en las orillas del río Wissahickon, cerca de lo que hoy se conoce como la sección alemana de Filadelfia. Al parecer, la or-den continuó en activo hasta 1801, año de su destrucción, siguiendo la tradición que establece un ciclo de 108 años de renacimiento, actividad, descanso y espera hasta que, una vez cumplido el proceso, resurgió en 1909.

El imperator electo fue H. Spencer Lewis, ocultista, doctor en filosofía y publicista en ocasiones. Lewis declaraba haber recibido de manos de unos adeptos franceses su rango y la autorización para establecer la orden en Estados Unidos. Según su propia versión, estuvo seis años estudiando y trabajando en Europa en la elaboración de un manifiesto que recogiese todas las enseñanzas del antiguo movimiento rosacruz. En 1915, año de su publicación, y según el manual oficial de AMORC, «fue recibido por más de 300 estudiosos, que examinaron los papeles oficiales, sellos y autorizaciones del imperator Lewis, y formaron el primer Consejo Americano de la Orden». Una vez constituida, y afirmando ser la única organización rosacruz de América, Lewis y la orden

El fundador de AMORC, H. Spencer Lewis, fotografiado en el primer cuartel general de la orden alrededor de 1920, entró en contacto con el movimiento rosacruz en el transcurso de un viaje a Francia en 1909. El grupo que fundó a su regreso a EE UU es en la actualidad la sociedad rosacruz más numerosa del país.

se hallaban en plena actividad.

Independientemente de su pasado, el imperator poseía indudable atractivo para las masas, y era un genio de la promoción. Aunque la transmutación de los metales había sido rechazada en sí misma, en junio de 1916 Lewis organizó una impresionante exhibición frente a un grupo de treinta y siete miembros y un reportero del *New York World*. Quince de los asistentes habían recibido una carta en la que se les instaba a llevar ciertos ingredientes a la reunión, ingredientes secretos incluso para los otros. A la hora prevista, y tras varias plegarias y un breve discurso sobre la alquimia, H. Spencer Lewis colocó un trozo de zinc en una bandeja, que sometió al fuego de un crisol. A continuación se le hizo entrega a Lewis de los ingredientes, entre los que había pétalos de rosa, que iba depositando uno a uno en la bandeja con el zinc. Según reza el informe de la reunión, «al cabo de dieciséis minutos, durante los cuales el Imperator utilizó el poder de su mente, la pieza de zinc se transformó en oro, según establecen las leyes químicas».

Aquello era magia —o al menos los parecía—, y colocó al grupo de Lewis considerablemente por encima

de sus rivales. Lewis no era selectivo a la hora de reclutar nuevos adeptos, que captaba a través de grandes anuncios en los periódicos. El Imperator invitaba todos aquellos, hombres y mujeres, que fueran «sinceros en su deseo de mejorar sus vidas y de colaborar en el progreso de la humanidad" a formar parte de la organización y comenzar la instrucción para la misma en sus casas. Por el módico precio de cinco dólares en concepto de cuota de iniciación y tres dólares y medio más al mes, el nuevo adepto recibiría en su casa el carné de socio, la contraseña del grupo, un diagrama del saludo secreto, la revista de la orden y, dos veces al mes, lecciones sobre los misterios de la vida.

odos aquellos que siguieran sus enseñanzas a través de los doce grados de conocimiento podrían desarrollar el poder de la mente, mantenerse sanos, mejorar su memoria y superar los malos hábitos. Aun más, podrían llegar a entender el sentido de la vida, aprender la verdad a través de la reencarnación, reforzar su personalidad, influir sobre los otros, mejorar su intuición y lograr una conciencia cósmica.

Aquellos que superasen el primer grado y no pudieran acceder a ninguna de las sedes extendidas por todo el país, se les enseñaba a autoiniciarse en casa. Debían colocarse frente al espejo, santiguarse mientras repetían «Salve, Rosa Cruz» y meditar durante tres minutos para luego llevarse un dedo a la frente, pronunciando la palabra «paz», y entrando así a formar parte de un grupo selecto al que, dicen, pertenecieron entre otros el faraón Akhaton, Platón, Aristóteles, Jesús, Cicerón, Santo Tomás de Aquino, Francis Bacon, Benjamin Franklin y el compositor francés Claude Debussy. Aquellos que no querían pertenecer a la orden podían acceder a una sabiduría parcial —cuyos contenidos no se especificaban— convirtiéndose en miembros asociados mediante el pago de una cuota mensual de un dolar y medio.

Tras la muerte de H. Spencer Lewis en 1939, su hijo Ralph continuó con su trabajo, proclamándose «Autoridad Suprema, Imperator de Norte, Centro y Suramérica, la Commonwealth y el Imperio Británico, Francia, Suiza, Suecia y África». A su muerte en 1987, el liderazgo fue ocupado por su protegido, Gary Stewart, y la organización es hoy en día la más grande de las hermandades rosacruces de todo el mundo. Según algunos informes, AMORC cuenta con 60.000 miembros entre sus 100 delegaciones norteamericanas, y las 26 filiales extranjeras tienen un presupuesto anual para publicidad de un millón de dólares y una nómina de trabajadores que en total perciben de más de 630.000 dólares.

La sede central en San José, conocida como Parque Rosacruz, ocupa una manzana completa de edificios, posee unos maravillosos jardines y un impresionante conjunto arquitectónico de inspiración egipcia. Hay un gran museo egipcio y una galería de arte que contiene la mejor colección de arte egipcio de la costa oeste de Estados Unidos. Los miembros tienen acceso al museo de ciencia, el planetario, el auditorio y un complejo de instrucción con aulas, estudios de grabación y laboratorios de física, química, biología, parapsicología y fotografía.

Los antiguos rosacruces, si realmente existieron, no reconocerían el lugar. Sí lo haría en cambio el gran astrólogo y profeta Michel de Nostredame, más conocido por Nostradamus, quien en 1555, cincuenta años antes de la publicación de la *Fama* anunció una de las profecías por las que es más conocido: «Nacerá una nueva secta de filósofos;/ que despreciarán la muerte, el oro, los honores y las riquezas/ Nacerán cerca de las montañas de Alemania/ Habrá numerosos hombres que les animarán y les seguirán».

Como le sucedía a menudo, sobre todo en asuntos de geografía, Nostradamus no estaba totalmente en lo cierto. Sin embargo, también hay que decirlo, tampoco estaba equivocado del todo.

Patriotas de la francmasonería

El siglo XVIII, la era conocida como la Ilustración, vio el surgir del mundo moderno tal y como lo conocemos. Fue una época de importante crecimiento político y cultural en Europa, y por tanto también en América. Los pensadores progresistas defendieron el racionalismo, el método científico, la importancia del individuo y la perfectibilidad moral de la humanidad. Y si la ilustración fue el mensaje, la francmasonería fue el lenguaje universal en el que dicho mensaje se formuló. El idealismo imperante combinaba a la perfección con la filosofía de tolerancia, de hermandad y de humanismo francmasona, y la secta se convirtió en un importante vehículo de transmisión de dichos valores.

Aunque la hermandad fue siempre oficialmente apolítica, sus valores conducían a sus miembros, como es lógico, hacia ciertas creencias democráticas; y en América, donde muchos colonos chocaban con la represión del gobierno británico, los masones reclutaron hombres políticamente activos. Ya en 1732 Daniel Coxe, el primer gran dirigente masón en Norteamérica, propuso un plan para confederar las colonias americanas, y para la década de 1760 la hermandad contaba con líderes del calibre de George Washington, Benjamin Franklin, John Hancock y Paul Revere. Estos hombres imaginaron una nueva sociedad basada en la fraternidad y la igualdad. Quizá fuera por ello inevitable el que jugaran un papel clave en el proceso de independencia de los Estados Unidos de América.

Paul Revere, hábil orfebre y revolucionario francmasón, confeccionó una joya en plata (arriba) para una logia en Lexington, Massachusetts, en 1796.

Masones como Mohawks

Mucho antes de que empezara la Guerra de la Independencia propiamente dicha, los bostonianos, furiosos por el trato que recibían las colonias por parte del gobierno de Ingalaterra, comenzaron a reunirse periódicamente para airear sus frustraciones y tramar posibles medidas a tomar. Estos políticos librepensadores solían reunirse en tabernas y destilerías, incluyendo un agradable local llamado la Taberna del Dragón Verde, en el norte de Boston.

El Dragón Verde era también lugar de reunión de la logia masónica de San Andrés. No todos los miembros de la misma apoyaban la causa de los patriotas, pero sus dirigentes, incluyendo a Paul Revere, John Hancock y el doctor Joseph Warren, eran defensores de los derechos de los colonos. Para ellos, una estrategia británica en 1773 que tenía por objeto excluir a los colonos del comercio de té fue la gota que colmó el vaso. Acusando a la Corona de discriminar a sus súbditos de las colonias mediante unos impuestos injustos y unas leyes comerciales restrictivas, resolvieron acabar con el dominio británico del comercio en Norteamérica.

El fanático patriota Samuel Adams.

La noche del 16 de diciembre de 1773, tres barcos con cargamento de té procedentes de Inglaterra se hallaban atracados en el puerto de Boston, brindando una oportunidad que no fue desaprovechada por el ferviente revolucionario Samuel Adams —probablemente también masón—. A una señal de Adams docenas de hombres vestidos como indios Mohawks, sus caras ennegrecidas con corcho quemado, invadieron el puerto de Boston. Rápidamente se hicieron con el control de los barcos, y en menos de tres horas, arrojaron 342 sacos de té por la borda. Aunque la identidad de los participantes en lo que se dio en llamar el Motín del Té de Boston nunca llegó a conocerse a ciencia cierta, lo que es seguro es que entre ellos se encontraban Revere y otros francmasones.

Más tarde, varios masones se reunieron en el Dragón Verde. Los patriotas habían asestado un buen golpe a los ingleses, y embriagados por la victoria, los hermanos cantaron «¡Uníos Mohawks! Empuñad vuestras hachas/ y decidle al rey Jorge que no pagaremos tasas.»

John Hancock, francmasón y patriota.

Un grabado de 1789 tomado de un libro de historia de Inglaterra, representa a los patriotas, disfrazados como indios mohawks, arrojando sacos de té inglés por la borda en el puerto de Boston. La obra muetsra claramente cómo las multitudes se congregaban en la orilla del puerto, para ser testigos de lo que más tarde se conocería como el Motín del Té.

La taberna del Dragón Verde, retratada aquí en un boceto realizado en 1773 por el francmasón John Johnson, tuvo poca clientela la noche del 16 de diciembre de 1773. Las crónicas cuentan que la sesión de la logia masónica de San Andrés que había de celebrarse allí esa noche fue suspendida por la «escasa presencia de hermanos». Existen pocas dudas acerca de quiénes eran los ausentes: la inscripción bajo el dibujo de Johnson dice: «Donde nos reunimos para Planear el Requisamiento de unas cuantas cargas de Té. 16 de diciembre de 1776».

Paul Revere: maestro artesano

Los motivos que empujaron a Paul Revere a unirse a la logia masónica de Boston en 1760, cuando contaba veinticinco años de edad fueron proablemente tan fraternales como profesionales. La logia le proporcionaba la oportunidad de mezclarse con hombres de entorno e intereses similares a los suyos, y estos nuevos amigos se convertirían en mecenas para su artesanía de oro y plata. Puesto que los rituales masónicos requerían una gran variedad de medallas, joyas, sellos y grabados, el artesano hizo un espléndido negocio con su recién adquirida clientela.

Pero conforme se agravaron los enfrentamientos con Gran Bretaña, los intereses del joven orfebre en la francmasonería se tornaron en fervor patriota. La masacre de Boston de 1770 y el Motín del Té alimentaron sus pasiones políticas, y terminó por unirse a un grupo que se reunía periódicamente en la Taberna del Dragón Verde para vigilar los movimientos de las tropas británicas.

Sin duda la contribución más recordada de Revere a la causa fue su célebre cabalgada nocturna. Sobre ella escribió Revere que su maestro masón, Joseph Warren «envió en mi busca a toda prisa, y me suplicó que saliera inmediatamente hacia Lexington». Su misión era advertir a sus compañeros patriotas que los soldados británicos se hallaban en camino.

Tras las batallas de Lexington y Concord, los británicos cercaron Boston, y los masones de la ciudad suspendieron sus reuniones durante más de un año. Pasado este tiempo, Revere volvió a tomar parte activa en la secta. Con los años se convertiría en maestro de la logia de San Andrés, después de otra logia de Boston, y finalmente, fue nombrado gran maestro de la gran logia de Masachussetts.

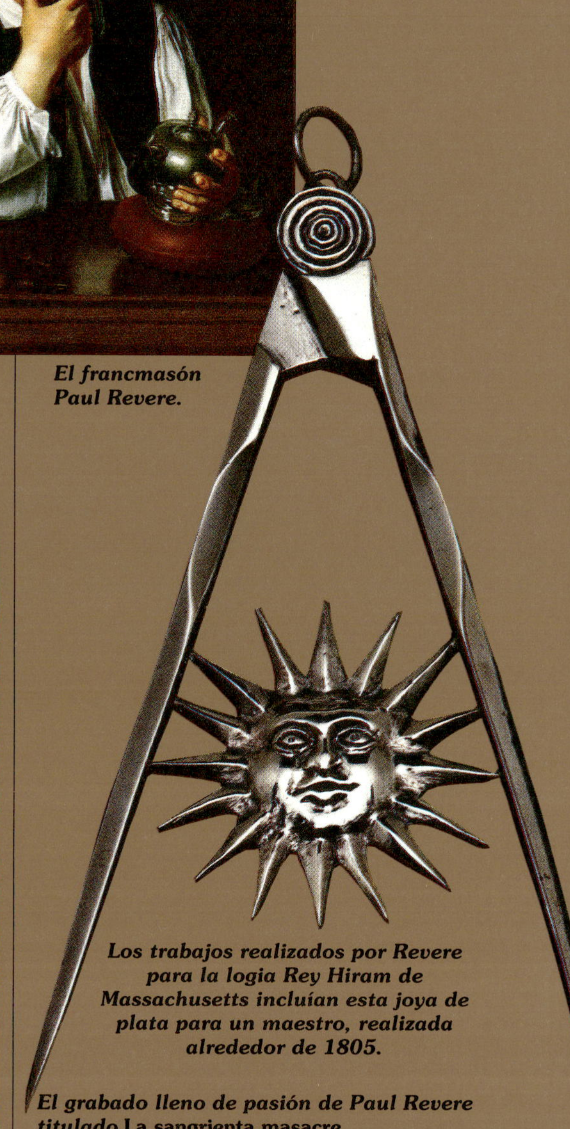

El francmasón Paul Revere.

Los trabajos realizados por Revere para la logia Rey Hiram de Massachusetts incluían esta joya de plata para un maestro, realizada alrededor de 1805.

El grabado lleno de pasión de Paul Revere titulado La sangrienta masacre representaba a las tropas inglesas disparando sobre una multitud de civiles en Boston en 1770. Se hecho, los cinco ajusticiados habían tomado parte en una revuelta hostil. Sin embargo los revolucionarios gritaron que había sido una masacre, y la obra de Revere se convirtió en potente propaganda para la difusión de un sentimiento anti-británico.

Este grabado, que reproduce una invitación a una de las reuniones de la logia de San Andrés, fue uno de los seis que Paul Revere realizó entre 1762 y 1784. Las complejas ilustraciones eran grabadas utilizando planchas de cobre. También se hacían así los certificados de que se hacía entrega a los masones cada vez que eran admitidos en los diferentes grados.

Este grabado del siglo XIX muestra la famosa excursión nocturna de Revere el 18 de abril de 1775. Él y el francmasón William Dawes se apresuraron a advertir a los patriotas de que los británicos se hallaban en camino. Más concretamente, alertaron a John Hancock y a Samuel Adams de que tropas británicas se dirigían desde Boston a arrestarlos.

El patriota médico francmasón

El primer gran enfrentamiento de la Guerra de la Independencia de Estados Unidos tuvo lugar en 1775, en una colina a las afueras de Boston conocida como Bunker Hill. Aunque los soldados británicos superaban a los americanos en una proporción de casi dos a uno, estos últimos supieron resistir con valentía dos duros asaltos. Al tercero sin embargo sucumbieron, y fue necesaria la retirada. A pesar de ello la victoria británica costó cara: ambos ejércitos perdieron alrededor de un tercio de sus hombres.

Luchando entre los rebeldes se encontraba el doctor Joseph Warren, un revolucionario apasionado y devoto francmasón. Maestro de la gran logia de Masachussetts, Warren fue también un político radical de gran influencia. En 1774 escribió las *Resoluciones de Suffolk*, difundiendo la idea de que era necesario responder de algún modo a las injusticias británicas. Es casi seguro que Warren ayudó a planear el Motín del Té de Boston, y fue él quien envió a Paul Revere en su misión nocturna a Lexington.

En la retirada de los patriotas de Bunker Hill Warren fue de los últimos en darse por vencido, y resultó muerto de un disparo. El general británico Gage manifestó su alegría por haberse librado de semejante rebelde, y parece ser que declaró que la muerte de Warren compensaba por la de quinientos hombres. Los ingleses victoriosos despojaron a Warren de sus elegantes ropas, lo enfundaron en un traje de granjero y lo enterraron en una fosa común. Sin embargo, después de que los británicos abandonaran Boston en 1776, los masones recuperaron los restos mortales de Warren y los enterraron según los elaborados ritos funerarios de la hermandad.

Joseph Warren, el héroe de Bunker Hill

La muerte de Joseph Warren fue idealizada en el cuadro de John Trumbull La batalla de Bunker Hill, *terminado en 1820.*

Francmasones escoltan los restos mortales desenterrados de *Joseph Warren* hasta la *Casa Estatal de Massachusetts, según muestra este grabado de la década de 1800. Antiguo gran maestro, fue enterrado en 1776 con todos los honores masónicos.*

Un monumento (a la izquierda), que honraba la memoria de Joseph Warren y otros héroes de Bunker Hill, fue erigido en el antiguo campo de batalla en 1764, por la logia del Rey Salomón. Treinta y un años más tarde, el marqués de Lafayette, francmasón y general del ejército continental, puso la piedra que había de sostener un gran obelisco situado en el lugar del antiguo monumento conmemorativo.

La conexión francesa francmasona

Los progresistas franceses, al igual que sus colegas norteamericanos, practicaban la filosofía de la libertad individual. Muchas de las voces dirigentes de la Ilustración francesa eran francmasonas, y la logia masónica de las Nueve Hermanas de París era un conocido lugar de reunión.

Entre los miembros de dicha logia se encontraban el escritor Voltaire y el respetado artista Jean Antoine Houdon, quien esculpió los bustos de las fotografías. Y en 1778, un visitante recién llegado de Norteamérica fue admitido en la secta: Benjamin Franklin.

Franklin, quien había viajado a París en busca de apoyo para la revolución de su país, obtuvo un caluroso recibimiento por parte de sus hermanos francmasones franceses. A través de sus contactos en dicha secta, Franklin conoció al marqués de Lafayette, un altivo joven oficial que inmediatamente zarpó en su propia nave hacia Norteamérica. En julio de 1777 Lafayette fue nom-brado general en jefe de la Arma-da Continental.

Alrededor de 1779 Franklin trabó amistad con otro patriota de la logia parisina, el capitán de la Armada John Paul Jones. Jones se hallaba en Francia a la espera de nuevas órdenes; cuando se le hizo entrega de una nave en agosto de 1779, la bautizó con el nombre de *Bonhomme Richard* por el famoso *Almanaque de Richard el Pobre* de Franklin. En su primera batalla a bordo contra la Armada británica, Jones salió victorioso, y pasó a engrosar las filas de los francmasones que colaboraron en el proceso de independencia de los Estados Unidos.

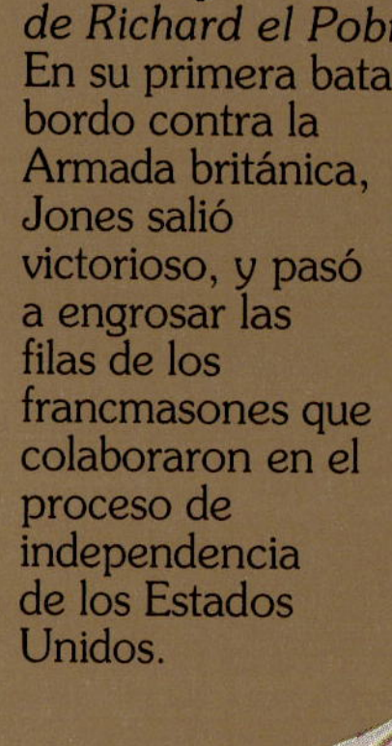

John Paul Jones

Benjamin Franklin

El marqués de Lafayette

En una visita a Norteamérica en
1784, Lafayette mostró su delantal
masónico a su viejo amigo, antiguo
comandante en jefe y artesano
George Washington. Los símbolos
que adornaban la tela habían sido
bordados por la mujer de Lafayette.

El capitán John Paul Jones, a bordo de la nave francesa
Bonhomme Richard, presenta batalla al navío británico Serapis,
tal y como muestra este grabado de 1781. Fue en el transcurso
de esta confrontación, en 1779, cuando Jones declaró «¡Aún
no he empezado a luchar!»

George Washington, francmasón

George Washington contaba tan sólo veinte años de edad cuando en noviembre de 1752 se unió a los francmasones. Ascendió rápidamente dentro de sus filas, convirtiéndose en gran maestro de la gran logia de Virginia.

Probablemente Washington nunca valoró tanto sus lazos con la masonería como durante los años en que estuvo al frente del ejército continental. El marqués de Lafayette, quien sirvió a sus órdenes, observó en una ocasión que el comandante en jefe rara vez asignaba misiones importantes a oficiales que no fueran masones. De hecho, la mayoría de los generales de Washington eran miembros de la hermandad; entre ellos se encontraban Horacio Gates, Henry Knox, Israel Putnam, el barón von Steuben y, por supuesto, Lafayette.

Wasington utilizó la masonería para fomentar la unidad entre sus soldados, tropas que hasta el momento se identificaban no con los intereses de una nación común, sino con los de sus respectivas colonias. El general apoyó la creación de al menos nueve logias masónicas militares, en las que se hallaban mezclados hombres procedentes de todas las colonias. De este modo, un soldado de a pie podía considerarse hermano no sólo de sus compañeros colonos, sino de todos los soldados y oficiales masones, incluido el propio George Washington.

Las reuniones de estas logias servían para inyectar dosis de moral a unos hombres temerosos ante las batallas, y el propio George Washington asisitía personalmente a ellas siempre que le era posible. Incluso durante el terrible invierno en Valley Forge siguieron celebrándose dichas reuniones; se cree que fue en esa época cuando Lafayette pasó a formar parte de la confraternidad. Washington valoraba la lealtad que inspiraba la francmasonería. En una ocasión escribió que «las virtudes que ennoblecen al ser humano son enseñadas, alimentadas y ensalzadas en las reuniones de los francmasones; en ellas se estimula la vida doméstica y sirven como ejemplo de los máximos deberes de un Estado».

George Washington posó ataviado con el atuendo completo de maestro masónico, para este retrato realizado por el también masón Williams J. Williams en 1794.

Tras la muerte de Washington en 1799, la gran logia masónica de Massachussets encargó a Paul Revere que realizara una urna de oro «como depósito de un mechón del cabello...del Héroe y Patriota».

Esta pintura de 1865 muestra a Washington en una de sus últimas acciones como comandante en jefe de las fuerzas continentales, despidiendo emocionado a sus oficiales en la Taberna Fraunces de la ciudad de Nueva York, el 4 de diciembre de 1783. Durante la guerra Washington había tratado de reunir en torno suyo solamente a aquellos que consideraba dignos de confianza. Como resultado de ello, casi todos los presentes en la sala, incluido el dueño de la taberna Samuel Fraunces, eran masones.

Cuando el general Benedict
Arnold (derecha) traicionó a
sus país frente a los
británicos en 1780, cometió
una doble traición: a su país
y a sus colegas masones.

CAPÍTULO 3

Francmasones: misticismo y mortero

l nombre de Richard Wirt se encuentra profundamente enterrado en la ajetreada historia política de los Estados Unidos. Y sin embargo en 1832, año en que presentó su candidatura a la presidencia del país, Wirt atrajo los votos de una considerable parte del electorado. De los veinticuatro estados que existían entonces, él representaba a Vermont, y obtuvo un ocho por ciento de un total de 1.262.755 votos. Era el candidato del Partido Anti-masónico.

En la actualidad por supuesto, la confraternidad conocida como los Masones Libres y Aceptados es una institución perfectamente integrada en el mundo moderno. Sólo en Estados Unidos existen unas 16.000 logias que cuentan con varios millones de masones, y pertenecer a una de ellas está considerado como un privilegio. En algunos aspectos, sin embargo —la observancia de rituales ocultos, la profusión de símbolos, títulos honorarios y elaborado leguaje ceremonial—, la orden masónica sigue siendo la sociedad secreta que ha sido durante siglos. Y en los timpos de William Wirt, las costumbres de los masones les hicieron continuo objeto de temor y sospechas.

Wirt debió su éxito en las urnas a una figura aún más oscura que él mismo: un hombre llamado William Morgan, quien descubrió lo que sería su peculiar vocación en 1826, en la ciudad de Batavia al norte del estado de Nueva York. Morgan era entonces un picapedrero de cincuenta y dos años, casado y sin raíces, que vagaba de un sitio a otro. El 9 de agosto de 1826 apareció el siguiente aviso en un periódico de la cercana localidad de Canadaigua, Nueva York: «Si un hombre llamado William Morgan se infiltrara en la comunidad, todos deben permanecer alerta, especialente LA CONFRATERNIDAD MASONA. Morgan estuvo en el pueblo el pasado mayo y su conducta tanto aquí como en otras partes ha hecho necesario este aviso…Morgan está considerado como un timador y un hombre peligroso. Hay gentes en este pueblo que se alegrarían de encontrarse con este capitán Morgan».

Morgan, cuyo título militar era tan dudoso como sus intenciones para con los francmasones, había ideado un plan para sacar beneficios de sus conocimientos especiales. Llegó a un acuerdo con el editor del diario Advocate de Batavia, un tal coronel David. C. Miller, para escribir un libro revelando los secretos de la masonería. El ingenuo Morgan se imaginó que dicha obra le aportaría unos beneficios de dos millones de dólares, una suma formidable para la época.

Los masones de Batavia tenían sin embargo pocos motivos de preocupación; libros similares habían aparecido en Europa, y eran fácilmente accesibles para el lector norteamericano. Sin embargo la logia local —entre cuyos mienbros se contaban cinco jueces, el sheriff, seis médicos y el presidente del pueblo— decidió pasar a la acción. Unos cuantos de sus miembros se las arreglaron para que Morgan fuera encarcelado por impago de una supuesta deuda de 2.68 dólares. A la noche siguiente cuatro masones se presentaron en la cárcel, pagaron la deuda de Morgan y obligaron a éste a subir a un carruaje, tras lo cual se alejaron de allí a toda prisa. Después de ese día Morgan no fue visto nunca másen Batavia. Su ausencia convirtió a Morgan en un verdadero héroe. Su socio, Miller, buscando tal vez promocionar el libo de Morgan, imprimió 50.000 panfletos denunciando en grandes caracteres el secuestro y posible asesinato de Morgan, y exigiendo información al respecto. En dicha circular no aparecía la palabra masón, pero todos supieron que hacía referencia a la secta secreta. Asimismo era del dominio público que los masones amenazaban con terribles castigos a todo aquel que divulgara sus prácticas. Y las reacciones no se hicieron esperar. En la pequeña aldea de Pavilion, a veinte kilómetros de Batavia, un conocido ministro de la iglesia baptista acusó a la francmasonería de «oscura, infructuosa, antimoralizante, blasfema, asesina, anti-republicana y anti-cristiana, contraria a la Gloria de Dios y al bien de la humanidad». Los rumores se esparcieron por doquier: Morgan había sido degollado; le habían arrojado a las cataratas del Niágara; su lengua había sido arrancada y su cuerpo enterrado en las arenas del lago Ontario. Hubo una versión particularmente ingeniosa según la cual los secustradores masones habían arrancado un árbol, colocado a Morgan en el agujero de la raíz y puesto el árbol de nuevo en su sitio para que le aplastara. Eso fue tan sólo el principio. Después de que el gobernador de Nueva York DeWitt Clinton —también masón— designara a una serie de jueces para que determinaran las circunstancias de la muerte de Morgan, los viejos enemigos de los francmasones comenzaron a surgir de todos los rincones. En todos los puntos del noreste y medioeste del país donde el caso Morgan despertó interés, los masones fueron repudiados públcamente. Ministros de la iglesia y profesores pertenecientes a alguna secta masona fueron obligados a abandonar sus puestos. Los masones eran insultados en público. El asunto Morgan había desatado la hostilidad popular hacia las sectas secretas en general y hacia los francmasones en particular. Personajes de la vida política que habían abrazado la masonería, entre ellos el senador Henry Clay de Kentucky, consideraron prudente romper sus lazos con dicha organización. Un antiguo presidente, John Quincy Adams proclamó: «La masonería debería ser abolida para siempre. Es mala, esencialmente mala —una semilla de maldad que nunca producirá nada bueno. La existencia de semejante orden es una lacra en la moral de la comunidad».

o pudo probarse nada aparte de secuestro en contra de los que expulsaron a Morgan de Batavia; se cree que simplemente le instalaron en Canadá, dándole una suma de dinero para que guardara silencio. Pero la preocupación por el estado de Morgan estaba diluida ya en la ira popular. Los masones vieron disminuidas sus filas de adeptos, y muchas de las logias suspendieron su actividad. Sin embargo siguió habiendo fervientes seguidores, como Daniel B. Taylor, un incondicional de la logia de Stony Creek en Michigan, que mantuvo literalmente encendida la luz de la masonería en sus momentos más oscuros. «En las noches de logia», escribió James Fairbairn Smith, un cronista de la masonería, «tan pronto como llegaba el correo tomaba su periódico y se encaminaba a la sala de la logia. Una vez allí encendía una vela, la colocaba en la ventana y se sentaba a leer. Si nadie acudía, esperaba hasta el último momento antes de cerrar la logia. Después apagaba la vela y se iba a casa».

La controversia cedió lentamente a lo largo de la década de 1840 y no volvió a desatarse con tanta violencia. Sin embargo una sombra de hostilidad ha perseguido a la secta en Inglaterra desde sus tempranos comienzos, cuando era considerada como una amenaza para la jerarquía establecida por la Iglesia y la Corona. A lo largo de los años los masones han sido en parte culpados —por aquellos que parecen encontrar siniestras maquinaciones detrás de cada acontecimiento mundial— de la Revolución Francesa, el nacimiento del fascismo y el comunismo, e incluso de los brutales asesinatos en Londres del famoso Jack el Destripador. Y ahora que las logias masónicas de este país se han convertido en una institución pacífica y familiar dentro del panorama cívico y social, los temores en torno suyo van cediendo lentamente. Fue en la antigua Unión Soviética donde un profesor llamado Valery Nikolaevich Emelyanov hizo una amenazadora advertencia en el transcurso de una conferencia respaldada por el Partido Comunista en 1974. Anunció que en el año 2000 habría una conspiración mundial de sionistas y masones. Esta «pirámide judeo-masónica», dijo aludiendo astutamente al símbolo masón, controlaría el 80 por ciento de la economía en los países capitalistas y entre un 90 y un 95 por ciento de los medios de información».

El origen de semejantes preocupaciones se remonta a la Inglaterra medieval, donde la secta nació como una corporación de trabajadores de la construcción en piedra. El término francmasón (en inglés, *freemason, de free,* «libre» y *mason,* «cantero») aparece en los archivos de la ciudad de Londres ya en 1375, haciendo referencia a los masones trabajadores que eran libres de viajar por todo el país en un tiempo en que el sistema feudal relegaba a la mayoría de las gentes trabajadoras a sus tierras. A diferencia de otros artesanos —herreros o curtidores, por ejemplo— los masones se reunían en grandes grupos para trabajar en grandes y majestuosos proyectos, planeando y construyendo castillos y catedrales aquí y allá. Solían juntarse en la logia local, un edificio construido en el lugar donde se realizaban las obras, donde los hombres podían comer y descansar, y donde se enseñaban y practicaban los métodos de trabajo. Con el tiempo la palabra logia pasó a designar a un grupo de masones de una localidad particular. En un libro publicado en 1983 el periodista y escritor norteamericano George Johnson explicaba el particular atractivo de estas corporacio-

Anticipándose al concepto masónico de Dios como el geómetro supremo, esta pintura del siglo XIV muestra a una divinidad que emplea un compás para definir el límite entre el bien y el mal.

El cuadro de Giorgone titulado Los tres filósofos, hace de la tarea del constructor una alegoría
del progreso intelectual. El aprendiz sentado, sosteniendo un compás y una escuadra, simboliza
a la juventud construyendo el edificio de la sabiduría. La figura del medio es un supervisor, que
representa el juicio de la madurez; y el anciano que tiene en sus manos unos planos es poseedor
de la sabiduría que da la edad.

3754
1754
A Free Mason
Formd out of the Materials of his Lodge
Behold a Master-Mason rare,
Whose mystic Portrait does declare
The Secrets of Free Masonry,
Fair for all to read and see;
But few there are to whom they're known,
Tho' they so plainly here are Shown.
Publish'd according to Act of Parliam.t August 15.t 1754. By W. Tringham in Castle Alley Royal Exchange   Price 6.d Colour'd 1.s

nes «Los masones de los siglos XIV y XV eran a la vez arquitectos y trabajadores» escribía. «Para los no iniciados, su labor debía antojarse sagrada. Desde los tiempos del antiguo Egipto los grandes edificios de piedra han estado asociados al poder, celebrando la magia de los sacerdotes o los derechos divinos de los reyes. A los ojos de la gente, estos hombres —algunos armados de mazos y cinceles, otros de compases, reglas y escuadras— elevaban templos desde el suelo».

Dicho en otras plalabras, los masones tenían un trabajo exclusivo y prvilegiado, y eran conscientes de su especial prestigio, que protegían con especial cuidado. En un tiempo en que no existían las patentes ni los derechos de autor, guardaban celosamente los secretos y métodos de sus artes. Con objeto de proteger su integridad, así como su estatus social, se aseguraban de que todo aquel que decía conocer su arte estuviera suficientemente entrenado. Dicha preocpación estaba justificada, puesto que entre los constructores medievales no era inusual trabajar entre extraños, algunos de los cuales pretendían ser miembros de alguna logia para así tener acceso a sus secretos. Con el fin de desenmascaar a estos impostores, los masones inventaron una serie de códigos y frases secretas, señas de reconocimiento y apretones de mano especiales. Formulaban ciertas preguntas de una forma determinada, y la respuesta obtenida les permitía juzgar si el recién llegado estaba o no cualificado para trabajar con ellos.

En el siglo XVII creció el número y la importancia de los masones, y algunas logias comenzaron a admitir miembros honorarios que no trabajaban en la construcción. En 1619 la Compañía de Masones de Londres fundó la Aceptación, una organización paralela destinada a tal fin. Sus miembros eran «masones aceptados» que no pertenecían a la compañía, pero que estaban dispuestos a pagar la cuota de iniciación. Más tarde, en 1717, cuatro logias de Londres crearon un cuerpo de supervisión llamado gran logia, cuyas reuniones anuales atraían a lo más selecto de la sociedad londinense: príncipes librepensadores, filósofos, curas, miembros de las clases privilegiadas. El porqué los intelectuales y los aristócratas estaban interesados en unirse a estas asociaciones no está claro, pero el secreto que envolvía a la masonería en su conjunto debió ser uno de los principales atractivos. Muchos aspirantes a iniciados estaban deseosos de aprender los antiguos secretos y sabiduría

oculta de los que los masones se suponían poseedores. Es más, entre las clases adineradas había en el momento un creciente interés por la arquitectura y la antigüedad. Fuera cual fuera la razón, el hecho es que entre 1737 y 1907 un total de dieciséis príncipes pasaron a engrosar las filas de los masones aceptados. Cuatro de ellos llegaron a ser reyes. Paradójicamente, el mensaje masón que tanto atraía a los poderosos era el de la fraternidad —el valor de cada individuo, independientemente de su clase social—.

El primer *Libro de Estatutos* masónico fue elaborado por un ministro de la Iglesia de Escocia, el doctor James Anderson, y publicado en Inglaterra en 1723. Dichos *Estatutos* fueron impresos en Estados Unidos por vez primera por el gran maestro masón de Filadelia, Benjamín Franklin. El documento estipulaba de forma audaz que los hombres de distintas religiones podrían asociarse y discutir sus ideas en el ambiente de camaradería masónica. «Aunque en otros tiempos los masones profesaban la religión de su País o Nación de origen», explicaban los *Estatutos,* «resulta más conveniente que comulguen ahora con la Religión que es común a todos los hombres, guardándose sus Opiniones particulares para sí mismos; es decir, que sean Hombres Honorables y Honestos, sea cual sea su Tendencia o Creencia».

olerancia y liberalidad: eran nociones poderosas dentro de una sociedad fuertemente estratificada. «Tal vez en último término», escribía el historiador británico J.M. Roberts en 1975, «la importancia de la francmasonería en el plano social era el descanso que suponía de la trivialidad, estrechez de miras y rigidez que predominaron en gran medida durante el siglo XVIII». Pero la convivencia no era lo único que atraía al gran público. Los aristócratas no eran los únicos ansiosos por descubrir el sentido esotérico de la existencia. Gentes de clases sociales inferiores también creían que los masones, con su colección de misteriosas costumbres y códigos secretos, habían heredado de alguna forma la sabiduría de la Antigüedad.

Los mismos francmasones crearon, embellecieron y quedaron cautivados por el mito de las habilidades especiales que les habían sido transmitidas a través de los siglos. Hubo incluso una romántica leyenda según la cual Adán había sido el primer masón, y que el clásico delantal masón, componente funda

La exploración de dichos lazos, reales o imaginarios, con grupos ocultos de un pasado lejano formaba parte de lo que constituía una búsqueda de la verdad. A finales de los siglos XVII y XVIII floreció la Ilustración, esa época radiante en que el dogma religioso se vio eclipsado por la creencia en la razón humana y la capacidad de perfección. Los triunfos de dicho pensamiento fueron legión: los descubrimientos científicos de Isaac Newton y, posteriormente, de Benjamín Franklin, el químico Antoine Lavoisier y el astrónomo William Herschel; la filosofía de John Locke e Inmanuel Kant, la inspirada irreverencia de Voltaire, la música sublime de Mozart (Franklin, Voltaire y Mozart eran masones. De hecho, la última ópera de Mozart, *La flauta mágica,* es una alegoría de la iluminación espiritual que los iniciados encuentran en la masonería). Las logias masónicas librepensadoras y progresistas desempeñaron un papel decisivo en la expansión de las nuevas ideas por Europa y América.

En una época de constantes cambios, cuando los nuevos descubrimientos servían a menudo sólo para poner de manifiesto todo lo que quedaba aún por conocer, hubo quienes buscaron posibles respuestas fuera de las doctrinas racionales tradicionales. Como siempre, el misticismo contó con numerosos adeptos. El filósofo David Hume, en su libro *Historia Natural de la Religión,* publicado en 1757, explicaba la atracción por lo oculto de una sociedad que, en cierto sentido, había sido despojada de sus viejos modelos de comportamiento. «Nos encontramos en este mundo como en un gran teatro, donde las fuentes y causas de cada acontecimiento nos son ocultadas por completo», escribió Hume. «Y carecemos de la suficiente sabiduría para preveer, o del poder necesario para impedir, los peligros que nos amenazan constantemente. Nos hallamos en perpetuo suspense entre la vida y la muerte, la salud y la enfermedad, la abundancia y la carencia, que son repartidas entre los humanos de acuerdo a unas causas desconocidas, cuyas consecuencias son a menudo inesperadas, y siempre impredecibles. Dichas causas desconocidas se con-

mental del atuendo tradicional de la secta, era una representación de la hoja de parra. Los diligentes «investigadores» masónicos rastrearon el linaje de la francmasonería hasta los constructores de las pirámides de Egipto, pasando por cultos de la antigua Grecia, como los pitagóricos y los eleusnos, para teminar con un abanico de cultos medievales de carácter esotérico: los gnósticos, los cátaros, los caballleros templarios y los rosacruces.

Siguiendo una larga tradición de mecenazgo real, el príncipe Eduardo de Inglaterra —retratado en esta pintura vestido como gran maestro masónico— sirvió dentro de la orden desde 1874 hasta 1901, momento en que ascendió al trono como Eduardo VII.

vierten entonces en objeto constante de nuestros miedos y esperanzas; y mientras que las pasiones permanecen en alarma constante por la ansiosa espera de los acontecimientos, la imaginación se emplea con igual empeño en formar ideas acerca de esos poderes, de los que tenemos tanta dependencia».

os masones se preocuparon más que nadie por «formarse ideas acerca de esos poderes». El oficio —como se le llamó entonces— echó raíces en todo el continente. Hacia finales de la década de 1730 había logias en Bélgica, Rusia, Italia, Alemania y Suiza. Sin embargo fue en Francia donde todas estas ideas encontraron una mayor aceptación, tal vez por el furor que entonces hacía en dicho país todo lo que procediera de Inglaterra. En 1735 existían cinco logias masónicas en París; en 1742, dicho número había ascendido a veintidós. Unos cuarenta y cinco años más tarde, en vísperas de la Revolución Francesa, había en el país alrededor de 100.000 masones.

En Inglaterra no se fraguaba ningún tipo de rebelión contra el orden establecido, y allí la francamosnería continuó prosperando de forma pacífica. Sin embargo, las pasiones en que se vio envuelta la vecina Francia habrían de mudar por completo la hasta entonces simple estructura de la organización. En su forma original de gremio de artesanos, los masones debían realizar un aprendizaje de siete años de duración antes de ser admitidos oficialmente en la corporación. Entre los miembros consagrados el más respetado de todos era el gran maestro masón, el hombre a cargo del proyecto de construcción. En el modelo de masonería inglesa del siglo XVII persistían tres grados de jerarquía, correspondientes a aprendiz, miembro y maestro, jerarquía que permitía a los miembros progresar de un grado a otro, aumentando así su prestigio dentro de la logia. En Francia, no obstante, se inventaban continuamente nuevos títulos, tales como jefe del triángulo luminoso, doctor del fuego sagrado o maestro sublime del anillo luminoso. Cada logia tenía sus propios rituales y en algunas ciudades, en contra de todos los preceptos masónicos, se llegaron a establecer dos logias distintas: una para nobles y magistrados, otra para burgueses y artesanos.

La proliferación de títulos grandilocuentes, combinada con una búsqueda febril de lazos con antiguos cultos, preocupó a los dirigentes de países como Francia o Bavaria, donde la Iglesia Catolica Romana aspiraba a contar con la lealtad total de todos sus súbditos. La institución original inglesa estipulaba que un masón «no debía nunca verse envuelto en Tramas o Conspiraciones en contra de la Paz y el Bienestar de la Nación», pero en las bases de la masonería, como muy bien apuntaba el historiador estadounidense James H. Billington «hay una meritocracia moral, implícitamente subversiva en el contexto de una sociedad estática basada en una jerarquía tradicional».

No es difícil imaginar la alarma en el seno de la Iglesia. La francmasonería estaba desarrollando rapidamente su historia y leyendas propias, así como una jerarquía tan organizada como la de la Iglesia. Sólo el gran maestro —el líder de la gran logia de cada país— tenía el poder suficiente para autorizar la creación de una nueva logia. El maestro propuesto para dicha logia y sus miembros se presentaban entonces ante el gran maestro, quien pronunciaba un discurso declarando oficialmente establecida la nueva logia . Una vez nombrado en nuevo maestro, éste tomaba posesión de la constitución, el libro de la logia y la joya de oficio. Acto seguido procedía a elegir sus guardianes, sus dos oficiales subordinados.

A principios del siglo XVIII, y según los documentos que se conservan las reuniones de cada logia tenían lugar generalmente en el salón privado de una taberna o posada, con los miembros sentados alrededor de una mesa. En cada reunión se dedicaba tiempo a asuntos administrativos, pero la actividad central era —y sigue siendo— la iniciación de nuevos miembros o la ascensión dentro de la jerarquía de los ya pertenecientes a la logia. Esta celebración, en la que se interpretaban elaborados

Sentado detrás de una mesa, Federico el Grande preside los ritos de iniciación de su cuñado en la logia de Postdam en 1740. Ambos visten los delantales y cintas al cuello emblemáticos de la logia. El monarca prusiano dijo de la sociedad que «hacía crecer los frutos de toda virtud».

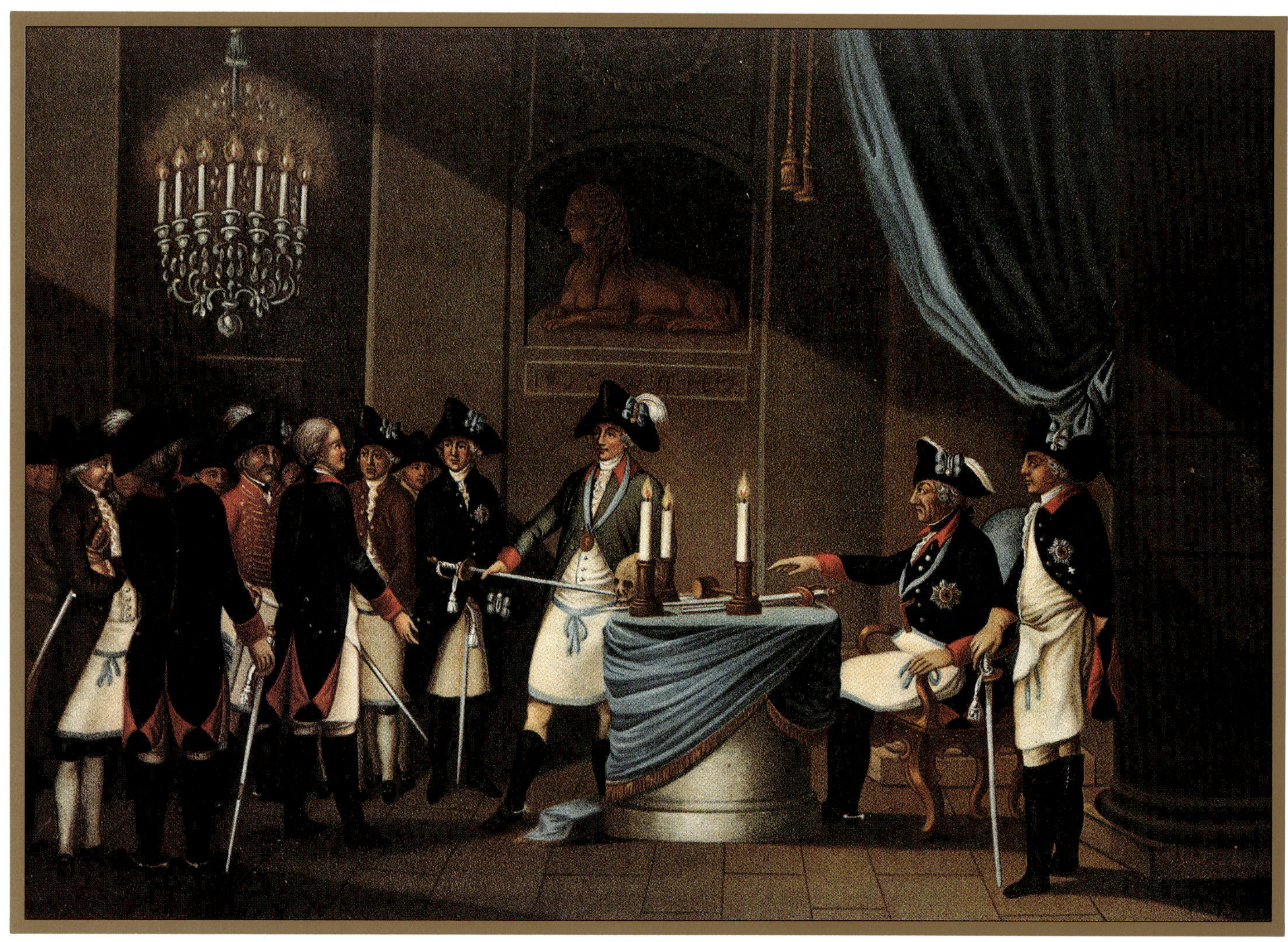

y simbólicos rituales masónicos, tiene lugar en la actualidad en una habitación especialmente destinada a tal uso.

Antes de la iniciación tiene lugar un diálogo determinado entre el maestro y varios oficiales de la logia. Entretanto, en una antesala, un hombre llamado retejador con la espada desenvainada protege la entrada de posibles intrusos. Su título proviene con toda seguridad de los fabricantes de tejas, probablemente miembros de los gremios masones originales. Dicho hombre despoja de su chaqueta y corbata al candidato, quien debe hacer entrega asimismo de todo el dinero y objetos de metal que lleve consigo. Una vez hecho esto se le indica que, en caso de que se cruce en alguna ocasión con un compañero masón «en dificultades», deberá recordar que él fue admitido en la secta «pobre y sin dinero», y que por tanto habrá de actuar con la debida compasión. Acto seguido se le remanga el pantalón izquierdo, se deja al descubierto el lado izquierdo de su pecho, y su zapato derecho es reemplazado por una zapatilla. Tan sólo los iniciados conocen el verdadero significado de estos cambios en el atuendo del candidato. Algunos historiadores de la masonería sugieren, sin embargo, que tienen su origen en la Sociedad de Jesús de la Iglesia Católica y simbolizan respectivamente el voto de pobreza, la prueba de que el candidato no es una mujer, y un recuerdo de cómo el fundador de la orden jesuita San Ignacio de Loyola, que tenía un defecto en un pie, comenzó su peregrinación para convertir a los paganos.

Una vez el aspecto del candidato ha sido convenientemente modificado el guardián le venda los ojos, para «demostrar su estado de oscuridad». Alrededor de su cuello se coloca una soga con nudo corredizo. El candidato, para entonces ya suficientemente humillado, es conducido hasta la puerta de la sala principal, donde encuentra al guardián interior —un oficial que le impide el paso colocándole en el

El moro masón

Los masones del siglo XVIII se preciaban de defender la igualdad entre los pueblos, demostrándolo en ocasiones al aceptar miembros en su secta cuya compañía en otras circunstancias habrían proablemente rechazado. Un ejemplo de esta liberalidad afectó en una ocasión a un esclavo llamado Angelo Solimán. Nacido en el norte de África a comienzos de la década de 1700, Solimán fue vendido como esclavo siendo un niño, educado por una serie de ricos propietarios europeos y más tarde contratado como tutor en una casa aristocrática de Viena, convirtiéndose en una figura popular dentro de los círculos de la Corte. Finalmente fue puesto en libertad y contrajo matrimonio con una baronesa viuda. En 1781 fue admitido en la prestigiosa logia de la Armonía, entre cuyos miembros se encontraban importantes personajes de la élite vienesa.

Solimán se convirtió en gran maestro de la logia y contribuyó a cambiar su ritual, que pasó a incluir la lectura de documentos académicos y científicos —una práctica que terminó por extenderse a las logias de todo Europa y confirió a la actividad francmasónica una reputación de rigor intelectual. De igual modo, la presencia de Soliman en la confraternidad fue un importante ejemplo de pensamiento progresista.

Y sin ambargo el destino del antiguo esclavo habría de ser de lo más peculiar. Cuando murió en 1796, su cuerpo fue reclamado por el emperador del Sacro Imperio Romano Francisco II, quien mandó disecarlo (el emperador tenía la curiosa manía de coleccionar cuerpos de seres humanos disecados). Una vez hecho esto, Francisco dispuso que fuera expuesto en su museo privado, haciendo oídos sordos de la súplicas de la hija de Solimán y las airadas protestas de los hermanos masones. La macabra reliquia permaneció en la colección imperial hasta la revolución austriaca de 1948, cuando una granada arrojada a la biblioteca del palacio envió los restos mortales de Solimán por los aires entre una explosión de llamaradas.

Esta pintura del siglo XVIII pretende mostrar a Wolfgang Amadeus Mozart (al fondo a la derecha), en todo el esplendor de su logia vienesa.

ompositor, que escribía la música para las ceremonias masónicas, fue en una ocasión sacado de apuros por un rico colega masón.

pecho la punta de su lanza. Tras unos momentos de tensión, el candidato —todavía con los ojos vendados— es guiado hasta la sala en presencia del maestro de la logia y otros miembros de la misma. El novicio debe entonces responder a una serie de preguntas formuladas por el maestro. Arrodillados ante él, los candidatos juran «no repetir, escribir, versificar, marcar, grabar o revelar por algún otro medio ninguna parte de los secretos de la Masonería». En caso de faltar a su palabra, el candidato accede a «que se me corte la garganta, la lengua me sea arrancada de cuajo y enterrada en la arena de una playa durante la marea baja».

na vez hecho el juramento, el maestro ordena que le sean retirados al candidato la venda de los ojos y la soga y le explica el significado de las pruebas a las que ha sido sometido. A continuación inicia al novivio en el aprendizaje del paso, la señal y el apretón de manos secreto de los masones. Éstos son, respectivamente, un paso corto dado con el pie izquierdo, arrastrando a continuación el derecho hasta que ambos forman una escuadra; pasarse una mano por la garganta en gesto rápido; presionar con el pulgar el dedo índice de un compañero masón al estrecharle la mano. Por último hay una contraseña «Boaz», que significa «en la fuerza».

A cada nuevo aprendiz se le hace entrega de un equipo de herramientas, que evocan los orígenes de la sociedad como gremio de trabajadores, pero que se supone representan también ciertas virtudes o ideas significativas. El novicio recibe un martillo, que simboliza la fuerza de la consciencia; un cincel, encarnación de las ventajas de la educación; y una regla de veinticuatro pulgadas (70 centímetros), que corresponden a las veinticuatro horas del día. Tras un periodo de estudio, viene una segunda fase en la que el aprendiz se convierte en masón. Llegado este punto se le hace entrega de una escuadra (que representa la moralidad), un compás (símbolo de la igualdad) y una plomada (representando la rectitud). Los masones del tercer grado, llamados maestros masones, reciben una paleta que indica el amor entre hermanos; la paleta sirve para unir con cemento los ladrillos individuales que, en la simbología masónica, corresponden a los seres humanos. Según la tradición de la secta, el paso de cada uno de sus miembros hacia un grado más avanzado equivale a su progreso a la hora de construir un templo. La metáfora es sencilla: atributos personales más elevados equivalen a una mayor destreza como constructor.

Para la Iglesia Católica Romana del siglo XVIII toda esta simbología se asemejaba de forma sospechosa a una religión rival, y la respuesta fue un duro golpe a la masonería. En 1738 el papa Clemente XII hizo pública la primera de una serie de denuncias contra la francmasonería, ordenando la excomulgación de todos los católicos que habían sido iniciados en el oficio. El Vaticano tachó al voto de silencio masónico de amenaza a la santidad y autoridad de la Iglesia. Se opuso a la asociación de hombres con distintas creencias y citó «otros motivos razonables» para justificar sus medidas. Por toda Europa oficiales seculares se encargaron de aplicar las sanciones de la Iglesia, castigando e incluso torturando a masones. La suerte de la secta pasó a depender entonces de quien estuviera en el poder, pero la masonería había alcanzado un punto en que no podía ser erradicada; contaba ya con demasiados adeptos.

Por otro lado, los masones estaban ya habituados a ser objeto de persecución. Ya con anterioridad a la primera bula papal, los masones ingleses habían sido acusados en diversas ocasiones de comulgar con el Anticristo, ya que, como decía un panfleto de la época, «¿Por qué razón necesitarían reunirse en lugares secretos, con señales secretas, cuidando de que nadie les sorprendiera, si sus tareas estaban dedicadas a Dios?», y preguntaba: «¿No serán éstas prácticas malignas?». Hubo ataques similares que sugerían que las reuniones de las logias eran una mera tapadera para experimentos de alquimia, los cuales, como era bien sabido, eran obra del demonio. A partir de la apertura oficial del la gran logia de Londres en 1717, se publicaron periódicamente ataques contra la francmasonería. Muchos argüían que las reuniones de la secta eran en realidad orgías de carácter homosexual, que incluían la sodomía y la flagelación. La exclusión de las mujeres de la orden contribuía a reforzar dichas creencias. Políticos y defensores de la moralidad pública ayudaron en ocasiones a alimentar el sentimiento antimasónico. En 1735 se prohibieron las reuniones de las logias holandesas con la excusa de que sus miembros estaban envueltos en conspiraciones políticas. Hubo prohibiciones similares en Suecia (1738) y Suiza (1745).

La emperatriz de Austria cerró varias logias en su país, incluida una de la que su esposo eran gran maestro. Ello demuestra que las presiones en contra de la francmasonería no fueron tarea únicamente del papa Clemente XII, ni patrimnio exclusivo de la Iglesia. Sin embargo fue la oposición del pontífice lo que desató la ira generalizada: su comportamiento venía a ser una declaración de guerra oficial por parte de la institución religiosa más importante del mundo.

Los francmasones respondieron a los ataques refugiándose aún más en la gloria de sus supuestos antepasados. Los eruditos de la orden concentraron todos sus esfuerzos en encontrar posibles conexiones con personajes o colectivos del pasado, no siempre históricamente reales. Una de estas conexiones, que tuvo gran número de adeptos en su momento se remontaba a una figura bíblica de importancia secundaria llamada Hiram Abiff.

Según la leyenda masónica, cuando el rey Salomón ascendió al trono de David, dedicó su vida a la construcción de un templo consagrado a Dios que sirviera además de palacio a los reyes de Israel. Un grupo de masones y carpinteros cedidos por el rey Hiram de Tiro, justo al norte del antiguo Israel, ayudó a los judíos en la construcción de dicho templo. Trabajaban a las órdenes del gran maestro de los arquitectos dionisiacos, Hiram Abiff. Descrito como el trabajador más astuto, hábil e inquisitivo que ha existido jamás, Hiram Abiff tuvo a sus órdenes nada menos que a 183,600 hombres, entre supervisores y obreros. Utilizaba un sistemas de signos y contraseñas mediante el cual cualquier capataz podía determinar el grado de habilidad de un obrero.

Tres audaces trabajadores decidieron un día forzar a Abiff a que les revelara la contraseña de los maestros de obra. Sabiendo que éste acudía todos los días a rezar al templo aún sin terminar, le esperaron apostado cada uno en una de las entradas del mismo. Hiram quiso salir por la puerta sur y se encontró con uno de los obreros, el cual blandía una regla de veinticuatro pulgadas. El maestro constructor rehusó revelar la palabra

La calavera del mártir de los caballeros templarios Jaques de Molay yace delante de su pira funeraria entre los restos mortales de sus enemigos el papa Clemente V y el rey Felipe IV, en esta acuarela francesa de 1812. El escudo templario rojo y blanco figura entre la parafernalia de algunos masones modernos, que se dicen descendientes de los caballeros medievales.

secreta, y fue castigado con un corte en la garganta. Al girar en dirección a la puerta oeste fue golpeado en el pecho con una escuadra. Por último intentó alcanzar la puerta este, donde fue rematado por el tercer hombre, que iba armado con un mazo. Los asesinos enterraron a Abiff en una fosa improvisada y los que posteriormente descubrieron el cuerpo colocaron un ramillete de acacias en el lugar. En la tradición masónica Abiff es el gran mártir de la secta, y su triste final un testimonio de la importancia del voto de silencio.

Entre los numerosos masones que han rendido homenaje a Hiram se encuentra Ruyard Kipling, quien le dedicó los siguientes versos, escribiendo su nombre con una sola efe: «Llevad este mensaje a Hiram Abif/Excelente maestro de la fragua y mío:/ A mí y a los Hermanos non gustaría/ Que él y los Hermanos vinieran a cenar con nosotros».

Los masones desarrollaron una admiración por —y relación con— Pitágoras, el filósofo y matemático griego del siglo VI a.C., que defendía que los números reflejan la armonía del universo. Sus discípulos vivían juntos, dando lugar a una sociedad basada en el estudio de la geometría, la astronomía, la aritmética y la música. Al cabo de cinco años de aprendizaje, los miembros del llamado círculo exterior pasaban al círculo interno, donde descubrían doctrinas místicas basadas en las relaciones entre los números.

Pitágoras fue más allá de la búsqueda de una base numérica para el universo. Él y sus discípulos alcanzaron importantes cargos públicos en varias ciudades-estado griegas e intentaron aplicar sus creencias idealistas al gobierno de las mismas. Al final, sin embargo, un grupo de ciudadanos se rebeló y asesinó a los reyes-filósofos.

La primera pagina de **Los secretos de la Masonería** *ofrece un retrato oscuro, diabólico y ficticio de los ritos masónicos. Escrito en 1886 por un periodista francés sin escrúpulos, el libro fue aceptado ampliamente como prueba de las supuestas prácticas satánicas y libertinas de los masones.*

Llegó un momento en que todo personaje o movimiento histórico que pudiera considerase virtuoso estaba de algún modo conectado con la masonería. En 1738 en París —momento en que se proclamó la amenaza papal en contra de los masones— el hombre designado como orador de la gran logia de Francia, Andrew Michael Ramsay, pronunció un notable discurso, que fue inmediatamente traducido al inglés con el título de *«Apología de los Libres y Aceptados Masones».* Dicha apología empezaba apuntando que el propósito de la orden era «convertir a los hombres en seres dignos de ser amados, buenos ciudadanos, buenos súbditos, fieles a sus promesas y leales adoradores del Dios del Amor, amantes de la virtud antes que de la recompensa».

Con semejantes declaraciones Ramsay pretendía demostrar que los masones eran nada menos que los herederos espirituales de los caballeros templarios, el ejército de caballeros franceses medievales que protegían a los peregrinos que atravesaban Tierra Santa durante las cruzadas (ver páginas 29-35). Ramsay se enorgullecía al afirmar que los cruzados eran masones a la vez que templarios, y que las palabras secretas de la francmasonería tenían su origen en los santo y seña de los campamentos militares. Afirmó que terminadas las cruzadas varias logias masónicas había sido ya establecidas por todo el continente. Parecía ser que el príncipe Eduardo, hijo del rey inglés Enrique III, se apiadó de los ejércitos cristianos derrotados en Palestina concluida la última cruzada y los llevó de vuelta a Inglaterra en el siglo XIII. Ya en su tierra natal, según Ramsay, el príncipe —que más tarde reinaría como Eduardo I— estableció una colonia de hermanos que adoptaron el nombre de francmasones.

Desenmascarando una "Fuerza oculta"

En 1939, en vísperas de la II Guerra Mundial, Rudolf Hess realizó una última aportación a la ya larga lista de teorías antimasónicas que habían sido invocadas durante siglos como pretexto para perseguir a los masones. El diputado y dirigente nazi escribió que el Tercer Reich se hallaba amenazado por una conspiración judeo-masónica, que entre otros crímenes estaba fomentando el conflicto armado que se avecinaba.

Para demostrar su teoría, Hess y sus colegas nazis contaron con la colaboracion de Bernard Faÿ, un prominente historiador francés, estudioso de la civilización norteamericana. Faÿ creía que las revoluciones francesa y de Estados Unidos habían sido tramadas por los francmasones, y consideraba que existía igual peligro de conspiración en el siglo XX: La ocupación de Francia en 1940 por parte de Alemania dio credibilidad a sus postulados, y se convirtió en un instrumento de la persecución nazi.

En 1943 Faÿ colaboró en la realización de una película sensacionalista llamada *Forces occultes (Fuerzas ocultas),* la historia de un joven francés que se infiltra en la secta para demostrar la participación de ésta en los acontecimientos que condujeron a la II Guerra Mundial. En el filme abundaban las imágenes visuales sensacionalistas —una araña gigante atravesando la pantalla, mapas mostrando los amplios territorios supuestamente bajo la influencia judía y masónica, y un masón entusiasmado extendiendo sus brazos sobre un globo terráqueo en llamas.

Al margen de su talento para la propaganda política, Faÿ tuvo una gran influencia como administrador de la Bibliothèque Nationale nombrado por los nazis. Desde dicho puesto dirigió investigaciones sobre los archivos de las sociedades secretas de Francia, revelando los nombres de unos 170.000 «sospechosos». Esta información condujo a la deportación de 520 franceses francmasones y a la muerte de 117.

Terminado el conflicto, Faÿ fue sentenciado por crímenes de guerra a cadena perpetua. En 1953, y tras haber cumplido siete años de condena, fue puesto en libertad por un decreto presidencial.

Un cartel de Las fuerzas ocultas *ilustra la iniciación de su protagonista, que en la película es corrompido por malvados masones.*

Esta genealogía tuvo aceptación en Francia y, en menor medida, en Inglaterra. Sin embargo, muchos la encontraron en exceso extravagante, y elaboraron otra distinta.

Lo que proponían es que, en efecto, los masones habían existido de alguna forma durante las cruzadas, pero habían entrado en contacto con los caballeros templarios al hacerse cargo de la construcción de sus fortalezas, hospitales, monasterios e iglesias. De esta forma, la caridad y demás virtudes de los templarios habían sido transmitidas a los masones.

Esta medalla de dos centímetros y medio cuadrados era llevada por los antiguos miembros de Phi Beta Kappa, fundada en 1779 según el modelo masón. La confraternidad abandonó sus ritos secretos en la década de 1800, pasando a ser una mera institución académica de caracter honorario.

A la luz de la Ilustración proliferaron exóticas versiones del origen de la masonería. Una de las más fascinantes era la del Rito Egipcio, fundada por un tal conde Cagliostro. Considerado por muchos historiadores como un charlatán —Thomas Carlyle lo llamaba burlonamente «El Príncipe de las Cotorras»— el conde es citado por otros como una importante figura en la historia del hipnotismo, la telepatía, la curación psíquica, el espiritismo y la alquimia. En 1776 apareció en la escena londinense cuando contaba veintiocho años de edad, con un pasado misterioso y llevando una vida digna de un noble. Su esposa, la bella Lorenza Feliciani, lucía siempre lujosos vestidos y joyas; por su parte Cagliostro, corpulento y con nariz de boxeador, era un hombre de tremendo carisma. Ambos se instalaron en una elegante mansión y el conde, que afirmaba ser un experimentado alquimista, pronto atrajo a un nutrido grupo de admiradores.

Un año después de llegar a Londres, Cagliostro entró a formar parte de la orden masónica. Poco tiempo después, habiendo asimilado gran parte de la sabiduría de la secta y consciente de su potencial, viajó al continente y comenzó a promover la fundación de una logia egipcia, colocándose a sí mismo en el trono bajo el nombre de gran Coptha. Sus detractores disfrutaban parodiándole y cambiando su nombre por el de «gran cofre», aludiendo así a su fama de estafador en diversos círcu-

los. A pesar de todo, la rama mágica de la masonería encarnada por Cagliostro tuvo una amplia difusión. Fundó logias en Holanda, Alemania y hasta en San Petersburgo. En Varsovia hizo una exhibición de sus dotes de alquimista en presencia del rey de Polonia. En Estrasburgo, se decía que Cagliostro había curado a 15.000 personas en tres años.

La biografía del conde fue siempre tema de debate. Había quienes lo consideraban español; otros en cambio decían que era italiano, polaco e incluso árabe. Los escépticos sostenían que era un timador siciliano de poca monta llamado Giuseppe Balsamo. Cuando se le preguntaba su procedencia, Cagliostro se limitaba a reír, diciendo que había nacido en el mar Rojo y crecido a la sombra de las pirámides. La fuente de su riqueza resultaba igualmente oscura. Se había casado con una rica heredera mexicana, decían algunos; otros argumentaban que había asesinado a un príncipe asiático para despojarle de su dinero. Su propia respuesta, pronunciada enfrente del Parlamento francés fue ésta: «Qué importa si soy hijo de un monarca o un mendigo, o la forma en que consigo mi dinero, mientras respete la religión y las leyes y pague siempre mis deudas. Siempre ha sido un placer para mí no satisfacer la curiosidad pública en este punto. Sin embargo, y en deferencia a ustedes, les revelaré algo que no he contado jamás a nadie. Mi principal recurso cada vez que pongo mis pies en un país consiste en encontrar a un banquero dispuesto a proveerme de todo lo que necesito». Cagliostro había respondido a las preguntas sin explicar nada en absoluto.

l Rito Egipcio estaba fuertemente influido por los cabalistas hebreos, quienes creían que Moisés transmitió una sabiduría especial a una pequeña élite, mientras que el Viejo Testamento fue escrito para las masas. Los cabalistas sostienen que la palabra del Señor generó el cosmos, y que los diez números y las veintidós letras del alfabeto hebreo eran los elementos básicos de que se compone el mundo. De hecho ciertas palabras, como Jehovah, eran consieradas tan poderosas que nunca debían ser pronunciadas. Cagliostro, promoviendo la idea que que ciertas palabras tenían una fuerza y un significado ocultos, dijo a sus seguidores que el Rito Egipcio podría regenerarles física y moralmente, guiándoles en última instancia hacia la perfección.

Hermanos en la guerra

La literatura masona abunda en ejemplos de los fuertes lazos que unen a unos hermanos con otros. Una de las historias habla de un tal coronel John McKinstry, un oficial norteamericano capturado por los indios aliados de los británicos durante la Guerra de la Independencia. Este grabado francés del siglo XIX recuerda como

McKinstry, atado a un árbol y a punto de ser quemado vivo, hizo la señal secreta pidiendo el socorro de un hermano masón. Cuál sería su sorpresa cuando uno de sus verdugos dio un paso al frente y detuvo la ejecución. Su salvador era Joseph Brant, un jefe mohawk educado en Europa e iniciado en la secta en Londres. Brant había regresado a su tribu, pero seguía manteniendo su lealtad hacia la orden. Condujo a McKrinsky ante los masones británicos, quienes a cambio lo escoltaron a él hasta un puesto fronterizo norteamericano. Una vez más, los lazos con la hermandad trascendían fronteras.

Tanto hombres como mujeres eran admitidos en las logias del conde, una práctica del todo inusual en el seno de la masonería. Ciertas ceremonias eran distintas para cada uno de los sexos. Al recibir a las mujeres, por ejemplo, el gran Cophta respiraba en la cara de la iniciada diciendo estas palabras: «Respiro este aliento sobre ti para que germine en tu interior y crezca en tu corazón la verdad que poseemos». Relatos de otras ceremonias de Cagliostro describen como lanzaba una espada hacia arriba y suplicaba a los ángeles que intercedieran por él ante Dios. También se decía que, después de determinados ritos de purificación, solía hipnotizar a un niño, el cual a continuación tenía visiones y transmitía profecías. Cagliostro acostumbraba a decir a sus oyentes que poseía una piedra filosofal con poderes curativos, y que estaría dispuesto a vender sus granos. El final del conde es, nuevamente, un misterio, pero muchos historiadores opinan que murió en una prisión italiana, donde había sido encerrado por intentar abrir una logia del Rito Egipcio en Roma.

En el mismo año que Cagliostro se establecía en Londres, un profesor de leyes bávaro llamado Adam Weishaupt fundaba una organización de carácter filosófico enormemente ambiciosa. Conocida como la Orden de los Illuminati, esta secta existió durante una década, hasta que fue prohibida y erradicada por el gobierno. Sin embargo, su influencia y mala fama perviven hasta el momento, en parte por su profunda relación con los francmsones. El propósito explícito de la orden de los Illuminati era «fomentar la humanidad y sociabilidad, inhibir todo impulso vicioso; apoyar la Virtud, cuando quiera que ésta se vea oprimida o amenazada por el Vicio; progresar en la lucha por alcanzar la dignidad y promover la sabiduría entre las gentes que se han visto privadas de una educación». Los sentimientos expresados en este manifiesto se antojan tan inalcanzables como los de las constituciones masónicas de 1723. Pero lo más importante era lo que Weishaupt no dijo: el creía que los jesuitas que dominaban Bavaria eran opresores, responsables de la precaria situación del país y de sus gentes, y que el poder de la Iglesia debía ser desafiado y, en última instancia, reemplazado. Lo que buscaba Weishaupt, escribió George Johnson, era «un mundo donde las divisiones de clase, religión y nacionalidad fueran abolidas, y todas las personas estuvieran unidas bajo una hermandad común. Al igual que el filósofo francés Rousseau, Weishaupt soñaba con el día en que la

Generalmente excluidos de las logias de los blancos, muchos negros norteamericanos como este del retrato entraron a formar parte de la orden de Prince Hall, fundada por un sacerdote negro de Boston.

humanidad recuperara el sentido de la igualdad y la felicidad, incorrupto por la religión organizada y las distinciones de clase». Su objetivo último, aunque se guardó mucho de expresarlo, era una revolución incruenta que diera comienzo a una nueva era.

Por ingenuas que fueran las aspiraciones de Weishaupt, sus tácticas resultaron audaces. A sus discípulos se les asignaba un riguroso programa de estudios, en el cual iban adquiriendo ideas cada vez más complejas hasta alcanzar el grado de Aeropagitas (en recuerdo de los miembros de la antigua corte superior de Atenas). Consciente de que sus ideas provocarían las iras de los poderosos, Weishaupt rodeó su orden de un muro de secretismo impenetrable. De hecho, tan sólo los Aeropagitas sabían que él era el máximo dirigente de la organización. La comunicación escrita entre los miembros debía realizarse en clave. Los líderes Illuminati y los lugares de reunión tenían nombres secretos tomados de la antigüedad. Se instaba a los miembros a espiarse los unos a los otros y a transmitir informes a sus superiores.

En la francmasonería Weishaupt escontró terreno abonado para sus ideas. Conocía lo suficiente sobre los masones como para saber que, en su calidad de librepensadores, no harían oídos sordos a su mensaje, así que añadió nuevas categorías dentro de la orden de los Illuminati que permitieran la incorporación de los masones. Desde Bavaria los Illuminati se extendie-

ron rápidamente por Austria, Suiza, Bohemia, Italia y Hungría, atrayendo a varios miles de miembros, muchos de ellos masones. Luego, en 1794, la gran aventura de Weishaupt entró en una mala época.

Cuando el conservador duque Carlos Teodoro ascendió al poder en Bavaria hizo público un edicto prohibiendo todas las sociedades no autorizadas. Un segundo edicto emitido al año siguiente mencionaba específicamente a los francmasones y a los Illuminati, hecho que bastó para que Weishaupt huyera de Munich y buscara refugio en Regensburg. El colapso final tuvo lugar cuando los hombres de Carlos Teordoro registraron la casa de un antiguo miembro de la orden de los Illuminati y encontraron toda una colección de documentos incriminatorios, incluyendo cartas escritas en el código secreto. Entre los papeles confiscados se encontraban algunos que, para la época, resultaban revolucionarios, rayando casi en la anarquía y la inmoralidad: tratados en defensa del suicidio, descripciones de experimentos con fórmulas químicas, el testimonio de que Weishaupt había arreglado el aborto de una mujer a la que había dejado encinta. Dichos papeles fueron hechos públicos por una comisión del gobierno, dando paso así al nacimiento de la leyenda negra.

Los Illuminati se convirtieron en tema de conversación en toda Europa. Ya en 1790 se habían publicado más de cincuenta libros sobre la misteriosa orden, detallando sus prácticas diabólicas y paganas, e implicando a menudo a los masones en gran medida. Hubo un número de escritores que sugirieron que tal vez la orden de los Illuminati no se había desarticulado, sino que sus miembros simplemente permanecían ocultos. Cuando el gran levantamiento de 1789 destronó a la monarquía y a la iglesia francesas, muchas personas, asustadas ante la visión de un mundo que parecía fuera de control, buscaron un culpable. Los francmasones y los Illuminati parecían los candidatos ideales. No escapó a la opinión pública el hecho de que los símbolos triangulares masones habían aparecido en los emblemas de los grupos revolucionarios franceses, y que dirigentes como Lafayette y el duque de Orléans eran, de hecho, masones. Lo que pasó inadvertido fue que, mientras unos masones asaltaban la Bastilla, otros permanecían apoyando al poder establecido. Para muchos, la prueba definitiva de la participación masona en la revolución vino de manos del siempre persuasivo conde Cagliostro. Éste anunció desde sus reclusión en una cárcel italiana que sabía que se acercaba una conspiración mundial por parte de los francmasones y los Illuminati. Aparentemente se trataba de un intento desesperado del conde por obtener clemencia.

La hoy llamada teoría de la conspiración nació de la invasión de libros, panfletos y artículos denunciado a los Illuminati y relacionándolos con una lista interminable de otros supuestos conspiradores. El alcance de tales acusaciones está reflejado en el título de un libro anti-Illuminati, publicado en 1797: *Pruebas de una conspiración contra todas las religiones y gobiernos de Europa fraguada en las reuniones secretas de Francmasones, Illuminati y Sociedades Lectoras, reunidas por Autoridades competentes.* El libro fue un éxito de ventas y, treinta años más tarde, cuando se implicó a los masones en la desaparición de William Morgan de Batavia, estado de Nueva York, muchos norteamericanos se sintieron inclinados a desempolvar su antiguo ejemplar de las *Pruebas,* y volver a leerlo.

El rechazo a los Illuminati llegó a su punto álgido a finales del siglo XIX, y un numero de figuras políticas que resultaban ser masones se vieron puestas en tela de juicio. Cuando un ministro luterano escribió a George Washington haciéndole partíci-

pe de sus miedos, éste le contestó diciendo que estaba al corriente «de las terribles y peligrosas doctrinas y planes de los Illuminati», pero que estaba convencido de que la francmasonería norteamericana no estaba envuelta en ellos. Thomas Jefferson leyó *Pruebas de una conspiración* y otros tratados en contra de los Illuminati, y los desechó rápidamente. «Al vivir bajo la tiranía de un déspota y del clero, Weishaupt era consciente de la necesidad de cautela incluso a la hora de difundir información y principios de pura moralidad», escribió Jefferson. «Todo ello confiere a sus ideas un aire de misterio, lo que condujo a su prohibición… y es la razón de las iras en su contra…Si Weishaupt hubiera escrito aquí, donde no es necesario mantener en secreto nuestros esfuerzos por hacer de los hombres seres sabios y virtuosos, no se hubiera visto obligado a inventar una maquinaria secreta para sus propósitos.»

 a mayoría de los norteamericanos parecía compartir el razonamiento de Jefferson, y el espectro de la alianza entre Illuminati y francmasones nunca pesó en Estados Unidos como en otros lugares. Y sin embargo, desde entonces hasta el momento, el término Illuminati se ha mencionado en los trabajos de teóricos de la conspiración perteneciente a grupos políticos nortemamericanos marginales. De igual modo que muchos masones quisieron sentirse herederos de los caballeros cruzados, algunos norteamericanos se sienten inclinados a creer que la labor iniciada por los Illuminati está actualmente en manos de la Comisión Trilateral, el Comité Secreto Federal o de humanistas seculares. George Johnson apunta que el libro *Pruebas de una conspiración* fue reeditado en 1967 por la Sociedad John Birch, que al parecer consideraba a los Illuminati como un peligro claro y actual. Según uno de estos grupos marginales, nos cuenta Johnson, «el símbolo de la conspiración de los Illuminati aparece en el reverso de los billetes de un dólar: el ojo que todo lo ve en lo alto de una pirámide, desafiándonos con su mensaje cada vez que contribuimos con un dólar más a una red especialmente diseñada para mantenernos en la oscuridad».

Este fervor antimasónico que invadió la república de Estados Unidos en sus comienzos está lejos de haber desaparecido. En los últimos tiempos los adeptos a la secta han disminuido, y los oficiales masones han hecho pública su preocupación de que la organización puede llegar a desaparecer si no consigue atraer a los jóvenes de hoy día, quienes parecen menos interesados en unirse a este tipo de instituciones. Sin embargo los años difíciles de la masonería han quedado atrás. En la actualidad ésta conserva su seductora áurea de exotismo, habiéndose desecho hace tiempo de su carga negativa de blasfemia y subversión. Los masones malvados y sedientos de poder sólo existen ya en la imaginación de los teóricos de la conspiración. Para la mayoría de la gente, la secta masónica es tan benigna como cualquier otra institución cívica o social.

Los masones, por supuesto, fieles a su centenaria relación con lo oculto, son más proclives al misterio y a la grandilocuencia en sus denominaciones que otros grupos de carácter más ordinario. El antiguo modelo masón que divide a sus miembros en tres grados distintos sigue existiendo, y muchos masones se detienen al alcanzar el tercero, el de maestro masón. Otros sin embargo se someten a una ceremonia llamada el arco real, que les sirve para ascender a grados más altos. El Rito Antiguo y Aceptado de la Masonería es un sistema de treinta y tres grados que ofrece títulos como el de maestro perfecto, príncipe de Jerusalén, gran pontífice, jefe del tabernáculo, gran caballero electo kadosh, gran jefe inspector inquisidor y príncipe sublime del secreto real. Además, el Rito Antiguo y Aceptado es tan sólo uno más de los múltiples ritos y órdenes existentes.

Hay también un número de organizaciones sociales cuyos miembros son masones, pero que no están relacionadas directamente con la orden. En Estados Unidos, la más importante de éstas es la Antigua Orden Arábiga de los Nobles del

Relicario Místico, que admite tan sólo a masones que pertenez-
can al menos al nivel treinta y dos. Famosa por lo espectacular
de sus apariciones, en que los miembros se visten con trajes
exóticos, esta orden tiene sin embargo serias actividades: a lo
largo de los años ha reunido millones de dólares para fines cari-
tativos. Otros grupos relacionados con la masonería que llevan
a cabo obras benéficas son la Orden Mística de los Profetas con
Velo del Reino Encantado y los Altos Cedros del Líbano. En
cuanto a las mujeres que sean familia de los maestros masones
pueden unirse a la Orden de la Estrella de Oriente; los niños a la
Orden de DeMolay y la Orden de Constructores, y las niñas a la
Orden de las Hijas del Trabajo o la Orden del Arcoiris. En líneas
generales, sin embargo, dichas organizaciones gozan del favor
masónico únicamente en Estados Unidos. Los masones ingleses, en apariencia contrarios a la posible frivolidad que reina en
estos clubes, pueden llegar a suspender a sus miembros por
unirse a alguna de ellas.

La masonería ha atraído a lo largo de los siglos a sus filas a hombres legendarios, héroes y villanos por igual, ávidos tal vez de contacto social o de iluminación espiritual. Una obra publicada en 1967 titulada *10.000 francmasones famosos* consta de cuatro volúmenes de biografías de miembros de esta orden. Además de Mozart, los grandes compositores Franz Liszt y Franz Joseph Haydn fueron masones. En la vertiente literaria de la masonería figuran personajes de la talla de Johann Wolfgang Goethe, Alexander Pope, Sir Walter Scott, Robert Burns, Ruyard Kipling, Oscar Wilde y Mark Twain. Toda una serie de presidentes estadounidenses y reyes y príncipes británicos han sido masones, y el primer ministro inglés Winston Churchill perteneció también a la orden. Lo mismo parece ser cierto del principal artífice de la revolución rusa, Lenin, y de Mohammed Reza Palevi, el Shah de Irán. Benedict Arnold era masón, pero después de él las filas militares de la masonería contaron con figuras más prestigiosas, Sam Houston, John J. Pershing y Douglas MacArthur entre ellas. Los masones pertenecientes a la aviación van desde Charles Lindbergh a un gran número de astronautas estadounidenses. Y en cuanto a los empresarios, destacan John Jacob Astor y Henry Ford. Joseph Smith, fundador de la secta de los mormones, fue masón, y se dice que determinados rituales mormones están influidos por la orden. No cabe duda de que la presencia en la masonería de personajes tan prestigiosos actuó como una especie de amortiguador contra la intolerancia de que fue objeto la orden.

El año 1965 marcó un hito en la aceptación de la masonería a nivel internacional, cuando el Vaticano declaró discretamente que a partir de ese momento los catolicos ingleses o británicos no serían excomulgados por unirse a la organización. Con ello se puso fin a la prohibición que había empezado 230 años antes, ratificada por varios papas en dieciséis pronunciamientos distintos. El famoso Concilio Vaticano II de la década de los sesenta —el mismo cónclave que autorizó la celebración de la misa en idiomas que no fueran latín— marcó el comienzo de las nuevas relaciones entre la Iglesia y la masonería. El Vaticano continuó prohibiendo la pertenencia a dicha orden en Italia, Francia y otros países adheridos a la llamada forma de gran logia oriental. Ese sistema, argumentaba, seguía siendo anticatólico o ateo. Pero estaba claro que la actitud de la Iglesia había cambiado —de hecho fue noticia de primera plana—. El enemigo más antiguo, fiero e implcablace de la masonería había retrocedido por fin.

*Los famosos exploradores del Polo Robert Peary (izquierda,
partió hacia el Polo Norte en 1908), su compañero Mathew
Henson (derecha) y el almirante Richard Byrd (centro)
fueron bien recibidos en la orden como encarnación de las
virtudes masónicas.*

El astronauta Edwin E. «Buzz» Adrin llevaba este emblema masón en uno de sus bolsillos cuando caminó sobre la luna el 21 de julio de 1969, durante el primer alunizaje, la misión del Apollo 11.

A pesar de todo, los detractores de la secta persisten aquí y allá, y es posible que nunca lleguen a desaparecer por completo. En la España moderna, por ejemplo, todavía se recuerda la persecución de que fueron objeto los masones por parte del dictador Francisco Franco tras su ascensión al poder en 1939. Franco volcó su ira contra muchos de los prominentes legisladores intelectuales y militares que se habían iniciado en la masonería durante la República. Se promulgó rápidamente una Ley para la Represión de la Masonería y el Comunismo, y se designó a un tribunal especialmente destinado a juzgar masones. «Hubo cientos de ejecuciones de masones, y aquellos que podían se marchaban al extranjero, dejando aquí propiedades que eran inmediatamente incautadas», contaba el abogado mdrileño Francisco Espinar Lafuente. «Franco creía realmente en la conspiración masónica, y los franquistas de hoy día continúan atacándonos como entonces». Hasta finales de los años setenta no se levantó en España la prohibición contra la masonería, e incluso entonces el gran maestro de la orden, Jaime Fernández Gil de Terradillos, tuvo que insistir: «No somos una sociedad secreta, sino discreta».

En Italia, el descubrimiento en 1981 de una logia masónica falsa llamada P-2 provocó la caída del gobierno —por otra parte algo no demasiado infrecuente en la Italia de posguerra—. Dirigida por un misterioso financiero llamado Licio Gelli, P-2 fue fundada por magistrados y una comisión parlamentaria especial como cuartel general clandestino de un influyente grupo de políticos, hombres de negocios y militares, quienes tramaron todo tipo de conspiraciones, desde asuntos financieros sucios hasta un golpe de estado. Dentro de la logia Gelli tenía el título de Il Venerate, el venerado.

El escándalo hizo necesaria la reorganización de los servicios secretos italianos y arruinó las carreras de docenas de funcionarios y políticos. Gelli huyó del país pero fue apresado y extraditado a Roma desde Suiza en febrero de 1988. Entre las muchas preguntas que el gobierno tenía para este ex-masón estaba la de ¿qué fue de los mil millones de dólares robados de un banco italiano en 1982? «El P-2 fue más que una organización política subversiva», dijo Pino Arlacchi, sociólogo de la Universidad de Florencia. «Los documentos recopilados por la comisión parlamentaria revelaron que se trataba de una especie de organización internacional de servicios plenos con influencia en todos los campos, desde la ventas de armas hasta la compra de petróleo en crudo».

Episodios ocasionales como el del asunto P-2 contribuyen a mantener vivo el fuego antimasónico, particularmente en los países católicos y entre aquellos con ideas políticas reaccionarias. Durante las elecciones presidenciales francesas de 1988, el candidato por el Frente Nacional de extrema derecha Jean-Marie Le Pen no tuvo dificultad alguna en llenar un centro de convenciones con capacidad para 1.200 personas en Amiens. Uno de sus oyentes, un anciano de sesenta y nueve años de edad en traje de tweed, dijo a un periodista que había acudido al mitin para protestar por el hecho de que Francia «estaba en manos de los francmasones».

Pero dichos comentarios son el precio que han de pagar los masones por el privilegio de la exclusividad. En el borrador de los estatutos de los Illuminati bávaros, redactado en 1781, los artífices de aquella sociedad ultrasecreta se comprometían a «permaneceer en la clandestinidad tanto como les fuera posible, puesto que todo lo que es oculto y secreto resulta atractivo a los ojos de los hombres; atrae el interés de fuera e intensifica la lealtad entre los que están dentro». Lo mismo es aplicable para los francmasones, aunque gran parte del interés de los no iniciados se torna en más de una ocasión en sospecha, en una curiosidad insana por lo que ocurre entre las silenciosas paredes de la misteriosa logia.

CAPÍTULO 4

Maestros sagrados y jefes secretos

urante el asfixiante verano de 1874, un abogado y periodista independiente de Nueva York de cuarenta y dos años de edad llamado Henry Steel Olcott se las arregló para que un periódico le asignara la investigación de un asunto de gran interés para él: espiritismo. Viajó hasta Chittendon, en Vermont, donde asistió a una serie de sesiones que atraían a creyentes de todas partes hasta la granja de un individuo llamado William Eddy. Luego resultó que las actuaciones nocturnas de Eddy sólo servían para convocar a un puñado de espíritus trasnochados —indios americanos, marineros ahogados, soldados muertos en la Guerra Civil, niños pequeños y otros habituales de las sesiones de espiritismo de la época.

La vida en la granja se animó considerablemente, un día cálido de octubre en que hizo su aparición una mujer que provocó en Olcott el siguiente comentario: «Madre mía, ¿has visto eso?» Vestida con una blusa escarlata que recordaba a los revolucionarios italianos seguidores de Giuseppe Garibaldi, la nueva invitada era una mujer de grandes proporciones (pesaba más de cien kilos), con una cara descrita más tarde por Olcott como semejante a la de un mongol, y cabello corto, rubio y rizado «como la lana de una oveja de Cotswold». Después del almuerzo Olcott siguió a la mujer fuera de la casa y la observó mientras ésta liaba un cigarrillo. Al momento, el periodista y abogado, que se consideraba a sí mismo un hombre de mundo, se apresuró a darle fuego, diciendo en su francés más galante: «Permettez-moi». De esta manera se produjo lo que sería un encuentro cargado de significado para el futuro de las ciencias ocultas y la filosofía entre Henry Steel Olcott y la asombrosa Helena Petrovna Blavatsky, una excéntrica ucraniana que habría de cambiar su vida y la de muchos otros, no sólo en aquella época sino también en la nuestra.

Olcott y Madame Blavatsky trabaron amistad enseguida. Como decía Olcott, ambos «se sentían pertenecientes al mismo entorno social, cosmopolitas, librepensadores». Los lazos entre los dos se estrecharon a su regreso a Nueva York, cuando Olcott recibió una carta escrita en tinta dorada sobre papel verde, firmada por el gran maestro de una organización llamada Hermandad de Luxor. «La hermana Helen», le explicaba el gran maestro, «le conducirá hasta la Puerta

Dorada de la verdad». Parece ser que Olcott no se hizo de rogar. Separado de su mujer, comenzó a pagar el alquiler a Blavatsky, y en menos de un año se encontraba viviendo con HPB, como le gustaba a ella que la llamaran, en un modesto apartamento de Manhattan. Allí presidía ésta todos los domingos por la noche reuniones de cabalistas, espiritistas, masones, rosacruces y otros invitados ocultistas. En el transcurso de una de estas sesiones, en la noche del 7 de septiembre de 1875, Olcott tuvo una idea que uniría para siempre su nombre al de Helena Petrovna Blavatsky.

Después de escuchar una charla sobre «El perdido canon del proporciones de los egipcios», garabateó en un trozo de papel la pregunta fatídica: «¿No sería una buena idea formar una sociedad para este tipo de estudios?» Hizo llegar la nota a manos de HPB, quien le transmitió su aprobación por señas. La noche siguiente, ante la presencia de dieciséis personas, se tomaron las correspondientes resoluciones. Tras una serie de reuniones, Olcott fue elegido presidente de la nueva sociedad, y Blavatsky su secretaria. A pesar del modesto cargo, HPB fue a partir de ese momento y durante el resto de su vida, la líder carismática de la organización.

A continuación se pasó a buscar un nombre apropiado para la misma. Olcott recordaba más tarde cómo se sugirieron varios, como los de Sociedad Egiptológica, Sociedad Hermética o Sociedad Rosacruz. Sin embargo, «ninguno de ellos era lo que buscábamos». Finalmente alguien sugirió recurrir al diccionario, donde se encontró la palabra, *teosofía,* que quiere decir «sabiduría divina» o «conocimiento de Dios», y sugiere a la vez un aura esotérica y un método científico de investigar verdades ocultas. De este modo, pues, quedó establecida la Sociedad Teosófica (The Teosophical Society) cuyos propósitos formales eran «formar un núcleo de Hermandad Universal de la Humanidad», para estudiar antiguas y modernas religiones, filosofías y ciencias, e investigar «las leyes inexplicadas de la Naturaleza y los poderes psíquicos latentes en el hombre».

Puede bien decirse que estos acontecimientos, aunque ocurrieron hace más de un siglo, marcaron el comienzo de lo que hoy se conoce como New Age (Nueva Era), y atestiguan el hecho de que no es siempre tan nueva como en ocasiones se supone. La Sociedad Teosófica iba a convertirse en un filtro cultural por el que gran parte de la sabiduría de los antiguos ha sido transmitida hasta nosotros. La sociedad fue responsable, más que ninguna otra entidad, del descubrimiento y el resugir del interés por las artes místicas y creencias que más tarde fueron adoptadas por los apóstoles de la Nueva Era, y que abarcan desde el viaje astral hasta el zen, pasando por la astrología, la reencarnación, el karma, los gurús, la meditación trascendental, el vegetarianismo y, en suma, una actitud generalizada de aceptación de lo sobrenatural.

Si bien la Sociedad Teosófica fue la entidad de este tipo más importante de su época, a finales del XIX hubo otros grupos e individuos de características similares. Uno de los más famosos fue una secta conocida como la Orden del Amanecer Dorado, un pequeño colectivo de ocultistas que perseguían algo más que al conocimiento teórico de las antiguas artes. Estaban dedicados a la práctica de la magia aplicada. Vistas conjuntamente, las trayectorias de la Sociedad Teosófica y la de la Orden del Amanecer Dorado son representativas de un fenómeno característico de la sociedad occidental, el del nacimiento de una importante subcultura interesada en los antiguos misterios y que rechazaba la rigidez del racionalismo justo en el momento en que la Era de la Razón alcanzaba su pleno apogeo.

La rusa Helena Petrovna Blavatsky (izquierda) —o HPB, como le gustaba ser llamada— fue una mística carismática y un tanto excéntrica, que encontró la forma de canalizar su pasión por lo oculto cuando conoció al coronel Henry S. Olcott (arriba) en 1874. Olcott, veterano de la Guerra Civil, abogado, periodista e investigador de fenómenos paranormales, se convirtió en devoto discípulo de Madame Blavatsky. Juntos se dedicaron a explorar los secretos de la antigüedad, y para ello fundaron la Sociedad Teosófica en 1875.

Durante casi dos siglos, *el racionalismo había dominado el pensamiento intelectual de Europa y América*. Las revoluciones científica e industrial habían traído consigo la victoria de lo material sobre lo espiritual, de la razón sobre la superstición. Con la publicación en 1859 del *Origen de las especies,* de Charles Darwin, la religión tradicional comenzó a perder importancia frente a la ciencia. La verdad se encontraba en los tubos de ensayo; la idea de que el hombre descendía de animales inferiores parecía más plausible que su creación a imagen y semejanza divina, y las especulaciones de tipo espiritual dieron paso a lo que uno de los primeros teósofos llamó «materialismo denso, que no concibe la consciencia sino como una fusión entre carne y sangre». El materialismo científico llevado a sus conclusiones lógicas conducía al hombre irrevocablemente a la tumba. Semejante pesimismo espiritual provocó una amplia reacción, descrita por el poeta William Butler Yeats, miembro de la Sociedad Teosófica y la Orden del Amanecer Dorado, como «la rebelión del alma contra el intelecto».

Los teósofos y magos del Amanecer Dorado desempeñaron papeles importantes en esta rebelión cultural, que tanto en su forma como en su contenido constituye un antecedente de las revoluciones que impactaron Europa y Norteamérica durante los años sesenta. Como ejemplo, baste citar el interés que despertaron las religiones y el misticismo orientales en los que tomaron parte en éstas.

También entonces, al igual que en los sesenta, los artistas participaron activamente en esta rebelión del espíritu. De hecho, la teosofía ha sido considerada tradicionalmente como uno de los motivos del renacimiento experimentado por la literatura irlandesa, puesto que escritores como Yeats, George Russell (más conocido como AE), Charles Johnston, Charles Weekes y John Eglinton encontraron inspiración en sus enseñanzas. Todo un grupo de pintores basó sus trabajos en las imágenes ocultas. El compositor francés Erik Satie, cuyas

Este boceto a lápiz que describe el supuesto camino hasta la iluminación fue realizado por Madame Blavatsky en 1874. Ella afirmó haberlo dibujado en menos de treinta minutos dentro de una habitación a oscuras. El boceto muestra a un peregrino iniciando su viaje espiritual en el barco de la vida, guiado por una figura que representa el yo superior. Los obstáculos, simbolizados por el leon, el ciervo y los pavos reales, son felizmente superados. El paseo termina con el yo iluminado, portador de la antorcha de la sabiduría y el laúd de la paz, guiando el carro fuera del mundo.

melodías obsesivas siguen siendo hoy tan apreciadas, tomó su inspiración del estudio de la Cábala. *El retrato de Dorian Gray,* de Oscar Wilde, muestra la preocupación de su autor por la magia, y su mujer fue una iniciada del Amanecer Dorado.

Algunos bohemios amantes de las ciencias ocultas —al igual que sus herederos hippies de ochenta años más tarde— creían que las drogas les ayudarían en su exploración de las profundidades del esoterismo. Fumaban opio y hachís (la resina de la planta de la marihuana), y en ocasiones los comían mezclados con mermelada. El hachís, escribía un mago y escritor de la época, «facilita y en ocasiones provoca de forma espontánea la proyección del cuerpo astral». Madame Blavatsky fumó drogas durante toda su vida.

os ocultistas a menudo extrapolaban su rebelión espiritual al terreno político. El llamado Renacimiento Celta, que condujo en última instancia la formación de la República Independiente de Irlanda y al surgimiento del nacionalismo escocés, estuvo promovido en sus comienzos por escritores como Yeats, quienes dieron forma y verosimilitud a la idea de una nación irlandesa o escocesa. Estos forjadores del mito nacionalista exploraron a fondo en el folclore celta y encontraron elementos ocultos —brujería, hadas y antigua sabiduría de los druidas— que distinguían a sus pueblos y proporcionaban a los dirigentes políticos una tradición sobre la que apoyar sus reivindicaciones. Algunos estudiosos de lo oculto participaron activamente en la defensa de la causa de otros países. Annie Besant, una de las dirigentes de la Sociedad Teosófica, desempeñó un papel fundamental en el proceso de independencia de la India del dominio británico.

Los ocultistas estuvieron también profundamente implicados en los movimientos quasi-políticos e idealistas del momento. Eran miembros activos de la sociedad socialista Fabian, de organizaciones vegetarianas y de varias asociaciones en defensa de los animales. Una conocida teosofista y antivivisieccionista, Anna Kingsford, estaba firmemente convencida de que había empleado con éxito la magia —aprendida de uno de los líderes del Amanecer Dorado— para matar por control remoto, por así decirlo, a dos científicos que experimenta-

ban con animales. Al parecer trató de emplear las mismas técnicas para matar a Louis Pasteur, cuyos experimentos con animales fueron decisivos en la invención de las vacunas, pero a decir de ella misma tan sólo consiguió que enfermara.

Probablemente en su tiempo sus aspiraciones no resultaran tan extravagantes como en la actualidad. Después de todo era la época en que un reputado químico industrial (un hombre llamado Cecil Jones) era también uno de los alquimistas más conocidos de Londres. Tal fue el ambiente que la Sociedad Teósofica de Henry Olcott y Helena Blavatsky contribuyó a crear para florecer en él.

Madame Blavatsky era un personaje profundamente contradictorio. Casi un líder religioso, pero capaz de decir palabrotas como una auténtica verdulera en tres idiomas diferentes, se trataba de una aventurera que, sin embargo, ensalzaba continuamente las virtudes de una vida tranquila y contemplativa. Pero por encima de todo fue una incansable —y tal vez sincera— perseguidora de la verdad última, aunque para ello ignoró a menudo las verdades ordinarias, especialmente cuando se referían a ella misma. Aunque los hechos de su vida superan por sí solos la ficción, se sintió inclinada a adornarlos aún más con anécdotas fantásticas que se fueron mezclando con el pensamiento teosófico de forma que, llegado un punto, resultaba imposible separar uno y otro, lo que llevó a la confusión tanto a sus críticos como a sus seguidores.

Nació en Ucrania el 31 de julio de 1831, hija de un oficial del ejército y una popular novelista. La pequeña Helena fue una niña precoz. Más tarde solía contar que a los cuatro años de edad «era capaz de mover muebles y hacer volar objetos, sujetos en el aire por brazos astrales invisibles». Tenía la curioisa costumbre de mirar fijamente a los ojos de los visitantes, y a continuación anuciarles con voz grave cuándo morirían. Además hechizaba a otros niños con historias fantásticas. Como recordaba una de sus hermanas, «Helena podía contar las historias más increíbles con la seguridad y convicción de un testigo ocular».

Poco antes de su diecisiete cumpleaños, Helena contrajo matrimonio con un general zarista y gobernador provincial de cuarenta años de edad llamado Nikifor Blavatsky. De él sólo guardó el nombre de HPB, que conservaría el resto de su vida, puesto que no tardó en encontrarlo aburrido y, tras tres meses de matrimonio, lo abandonó para marcharse a Constantinopla.

Llegado este punto los datos de su vida se vuelven algo borrosos. Según la versión de la propia Blavatsky, muchas veces rectificada, sus vagabundeos la llevaron hasta Oriente, Asia central e India, y a través de Europa, Estados Unidos, Canadá y América Central y del Sur. En el transcurso de esos viajes, contaría, se inició en la secta musulmana de los drusos en Oriente Medio; estudió los rituales derviches; presenció antiguos ritos vudú, descubrió la magia de la secta japonesa de los Yamabushi, adoradores de la montaña; recorrió las ruinas mayas de la península de Yucatán, pasó tres noches en la gran pirámide de Keops; amasó una fortuna comerciando con plumas de avestruz sudanesas y cruzó en carromato las Montañas Rocosas de Estados Unidos.

Pero de todos los viajes que realizó Madame Blavatsky, ninguno pudo compararse en importancia, tanto para ella como para el movimiento teosófico, a los siete años que pasó en un templo del Tíbet oculto en el Himalaya, donde vivió entre una comunidad de avatares, hombres sabios que habían retrasado generosamente su entrada en el Nirvana para permanecer en la tierra y ayudar a la humanidad. Estos mahatmas o maestros desempeñarían un papel decisivo en el desarrollo de la Teosofía, instruyendo a Helena Blavatsky en la antigua sabiduría que revelaba los misterios del universo.

Es muy posible, sin embargo, que ninguna de estas historias sobre viajes sean ciertas. Concretamente, no existe prueba alguna de que llegara a visitar el Tíbet, y muchas en cambio que demuestren que nunca estuvo allí. No sólo el terreno y el clima hacen de esta región una de las más inhóspitas de la tierra, sino que además las fronteras del Tíbet permanecían cerradas a los visitantes extranjeros desde 1792. Además de eso, incluso los más ardientes admiradores de la Blavatsky han tenido dificultades a la hora de encajar una estancia de siete años en el Tíbet dentro del ajetreado calendario de viajes de esta mujer.

Sin embargo, su vida real estuvo llena de aventuras como la que inventó (aunque en ocasiones resulta difícil separar la realidad de la ficción). De Constantinopla viajó a Egipto, donde descubrió los efectos del hachís, realizó un curso de encantamiento de serpientes y buscó los consejos de un mago copto (quien la decepcionó diciéndole: «No dudo de que usted esté aquí en busca de conocimiento, de la sabiduría mágica y oculta; yo lo que busco es dinero»). A continuación HPB se trasladó a Londres, y desde allí marchó de gira operística con un cantante húngaro de mediana edad quien más tarde afirmó haberse casado con ella. A decir de algunos, esta mujer se casó tres, o incluso cuatro veces, sin haberse divorciado nunca de su primer marido, y tuvo al menos un hijo, un jorobado llamado Yuri, que murió siendo niño. Madame Blavatsky insistía en que Yuri había sido adoptado, y a la edad de cincuenta y cuatro años solía afirmar con toda tranquilidad que seguía siendo virgen.

Al igual que un genio que se resiste a permancer encerrado en su lámpara, ella continuó viajando de un lugar a otro. En Tiflis trabajó como directora de una fábrica de flores artificiales; en Rusia como médium espiritista que disfrutó de cierta fama, y en Inglaterra, como ayudante del célebre médium Daniel Dunglas Home.

n 1871 Blavatsky regresó a El Cairo, donde estudió ocultismo en la Hermandad de Luxor, una orden egipcia tan antigua y misteriosa que nadie había oído nunca hablar de ella. También fundó una Societé Spirite, que tuvo muy pocos seguidores, y más tarde se estableció como médium, negocio que fracasó cuando en una ocasión sus clientes detectaron la presencia de un guante relleno de algodón, que al parecer empleaba para simular una mano separada del cuerpo. Tal hecho levantó un cierto revuelo que HPB aprovechó para huir a Europa. Una vez en París, en un día de julio de 1873, según contaría más tarde, recibió órdenes de sus maestros místicos, comunicándole que debía partir inmediatamente hacia Estados Unidos. Al día siguiente compró un pasaje a Nueva York, donde trabaría amistad con Henry Olcott.

Durante los años que pasaron juntos, Olcott insistía en que la relación entre ambos era «de alma a alma, no de un sexo a otro». Cualquiera que fuera su grado de intimidad, la vida en la casa de Olcott y Blavatsky rara vez resultaba aburrida. Los dos eran radicalmente opuestos: HPB, un auténtico torbellino de costumbres bohemias, y el dulce y amable Henry, un producto de la estricta educación presbiteriana, antiguo coronel (le gustaba que siguieran llamándole por su rango) que había servido respetablemente, si no con gloria, en la Guerra Civil. Helena lo intimidaba constantemente, llamándole «idiota», «zoquete» y «bebé psicoanalizado» en presencia de los invitados. Henry, sin embargo, no se alteraba ante tales insultos. Como más tarde recordaba uno de los asiduos visitantes a la casa, «Henry estaba loco como una cabra en todo lo referente a la Blavatsky, y perfectamente cuerdo en lo demás».

Puesto que el talento culinario de Helena dejaba mucho que desear (como Henry descubrió el día que la vio intentando cocer un huevo colocándolo sobre brasas encendidas, Olcott se hacía cargo de todo lo relacionado con la cocina.

Sin embargo, la vida con esta mujer tenía sus compensaciones. Cuando se encontraba de humor, Helena solía deleitar a Henry con «un gesto imperioso» de su mano, y allí donde su mano apuntaba surgía como por arte de magia, ¡ping! ¡ping!, el tintineo de una campana. Y luego está aquella noche inolvidable en que Henry expresó su deseo de comer uvas. Muy bien, replicó Helena, «tomemos algunas». A petición suya se apagó durante unos segundos la lámpara de gas. Cuando la encendimos, «cuál sería mi sorpresa», escribiría más tarde Olcott, «al ver allí colgados dos grandes racimos de

uvas moscatel, que en seguida empezamos a comer».

Al margen de las habilidades culinarias de Olcott o de las dotes de prestidigitadora de Helena, lo que realmente mantenía a la pareja unida era el interés por la Sociedad Teosófica. Por desgracia, los comienzos de ésta no fueron fáciles. Había surgido en un momento de entusiasmo por las ciencias ocultas, que, sin embargo, prontó empezó a languidecer, y el estado de ánimo de la Blavatsky no parecía propiciar lo contrario. A menudo se mostraba hosca y preocupada, negándose a asistir a las reuniones sociales y afligiendo a sus invitados al negarse a «provocar el más mínimo fenómeno». Estaba claro que algo la atormentaba, pero ni siquiera Olcott, que por entonces aún no se había ido a vivir con ella, sabía qué era. Hasta que un día Blavatsky le mostró unas hojas manuscritas, mientras le comentaba perpleja: «Escribí esto anoche, y que me aspen si sé lo que es». De aquella extraña manera comenzó Helena Blavatsky a escribir *Isis revelada (Isis Unveiled)* que con el tiempo se convertiría en un clásico de la literatura ocultista.

La «orden» que había impulsado a HPB a escribir era de origen misterioso. Como su título indica, *Isis revelada* es una vuelta a Egipto como principal fuente de la antigua sabiduría; e Isis, la diosa egipcia de la fertilidad, era aparentemente el espíritu guía del libro. Conforme avanzaba la obra, no obstante, el inte-

El emblema original de la Sociedad Teosófica, representado arriba, contiene la llave de la vida egipcia, que simboliza la resurrección, enmarcada por dos triángulos entrecruzados, representativos de los mundos físico y espiritual. Sobre ellos se encuentra el antiguo símbolo sánscrito de la sabiduría. La serpiente que se traga su propia cola simboliza la eternidad. El sello de la orden interna del Amanecer Dorado (abajo) emplea el mismo tipo de triángulos, junto con elaborados signos de la Cábala. La figura humana crucificada se supone que encarna el sufrimiento y la fuerza.

rés se centraba en la India; Isis se perdía en los tiempos remotos y los mahatmas pasaban a convertirse en absolutos protagonistas desde su retiro en el Himalaya.

El método de transmisión era una fuerza poderosa que Blavatsky calificaba de luz astral. Aunque Henry Olcott no consiguió nunca ver dicha luz, sí recordaba cómo HPB la utilizaba: «Su pluma parecía volar sobre el papel, cuando de súbito se detenía, la mirada fija en el espacio, para volver en seguida a copiar aquello que veía».

En ocasiones, sin embargo, el mismo mahatma se hacía cargo de las tareas de escritura. Olcott recordaba una noche en particular en que Madame Blavatsky había trabajado hasta tan tarde que se quedó profundamente dormida en la silla. A la mañana siguiente «me mostró una pila de al menos treinta o cuarenta folios bellamente escritos en la letra de HPB, que, según le contó, habían sido redactados para ella por un Maestro». Olcott observó que los estilos de escritura variaban en gran medida de unas páginas a otras, dependiendo del maestro que se hallara en ese momento a cargo de la misma.

Publicada en 1877 en dos volúmenes que sumaban un total de casi 1.300 páginas y con un precio de venta de 7,50 dólares, la primera edición de 1.000 ejemplares de *Isis revelada* se agotó en diez días. Al año siguiente, dos reimpresiones del libro fueron virtualmente devoradas por un público claramente ansioso de una visión cósmica que fuera más allá de la ortodoxia religiosa y científica del momento. Por supuesto *Isis* tuvo también numerosos detractores. Uno de ellos calificó la obra de «basura», y el *New York Times* fue todavía más despectivo, al no dignarse siquiera reseñarlo.

Más preocupantes que el rechazo de los críticos fueron las acusaciones de plagio que acosarían a Madame Blavatsky durante el resto de sus días, y que la seguirían después de muerta. Entre los acusadores se encontraba William Emmette Coleman, un académico aficionado al espiritismo que pasó tres años estudiando *Isis revelada* y extrajo alrededor de 2.000 ejemplos de casos en los que HPB había incluido literalmente, y sin citar las fuentes, testimonios de otros escritores ligados a sociedades cabalistas, herméticas, masónicas y, especialmente, rosacruces. Con el tiempo el mismo coronel Olcott recono-

cería que su amiga había faltado probablemente a los principios de la práctica literaria, pero añadiendo, sin embargo, que se había limitado a transcribir lo que había visto en la luz astral.

 pesar de todo, las críticas a la obra fueron quizá un tanto exageradas. Por grotesca que pudiera parecer en ocasiones su autora, lo cierto es que el libro fue escrito con serios propósitos de que fuera leído por aquellos verdaderamente interesados en la búsqueda de la verdad. En su esencia, *Isis* postulaba que las diferentes creencias y filosofías de la humanidad tenían un origen común, una antigua secreta doctrina que era «el alfa y el omega de la ciencia universal». Sólo a través de esa sabiduría pueden reconciliarse la ciencia y la religión, y únicamente a través de su comprensión es posible un mundo en donde no existan las «creencias sectarias… El brahamanismo y el budismo, el cristianismo y el islamismo desaparecerán frente a la poderosa evidencia de los hechos».

La doctrina secreta se hallaba en manos de la hermandad tibetana. Los maestros de la misma no eran divinos, pero se suponía que habían alcanzado tal estado espiritual que no les afectaban ya los procesos humanos ordinarios. Cuando viajaban —puesto que no eran de ningún modo reclusos—, su «yo» astral abandona su cuerpo físico, para materializarse después donde ellos querían. De igual modo, aunque en ocasiones utilizaban el correo ordinario o empleaban a Madame Blavatsky como mensajera, podían comunicarse también por luz astral.

Al margen de su atracción por las filosofías orientales, *Isis* revelaba una profunda antipatía por la Iglesia cristiana y su clero. En el prefacio al segundo volumen, HPB informaba a sus lectores que «el libro no contiene una sola palabra acerca de las enseñanzas de Jesús, pero sí denuncia su degeneración hacia sistemas eclesiásticos perniciosos». Sin embargo, dentro y fuera del libro, la Blavatsky degradaba constantemente la figura de Jesús, colocándolo a un nivel inferior a Buda en la jerarquía de los mahatmas. Y en una ocasión, cuando se le preguntó acerca de sus ideas sobre la naturaleza de Jesús, respondió alegremente: «No tengo el honor de conocer a ese caballero».

Con tales actitudes de irreverencia se procuró la enemistad de una institución que más tarde iba a perjudicarle.

Con todo y con eso, *Isis revelada* constituía la prueba de dicha doctrina secreta. Como tal, contenía poco de lo que más tarde se convertiría en la sustancia del pensamiento teosófico. La Teosofía como credo carecía aún de forma definida. Se trataba de arcilla en manos de la escultora, que la moldeó incansablemente hasta que emergió una década más tarde en las páginas de otra obra monumental, como una doctrina integrada e intrincada de creencias religiosas, filosóficas y científicas.

Mientras escribía su libro, HPB se obsesionó con la India, y ahora estaba ansiosa por transferir sus operaciones teosóficas a este subcontinente. La Sociedad Teosófica estaba de suerte. Probablemente gracias al éxito de *Isis revelada,* lumbreras como Thomas Alva Edison y el general Abner Doubleday, veterano de la Guerra Civil más conocido por su supuesta invención del juego del béisbol que por sus hazañas militares, se habían convertido recientemente en miembros de la Sociedad. Establecidas ya logias en Londres y en Bombay, existían planes para crear otra en Japón. Sin embargo, parece que hubo otros motivos aparte de la fascinación de HPB por la India que la indujeron a ella y a Olcott a trasladarse a dicho país. Por una parte, los rumores acerca de su supuesta bigamia se hacían cada vez más frecuentes; por otra sus poderes ocultos estaban siendo continuamente puestos en entredicho por D.D. Home, el médium más influyente de la época. Desde el punto de vista personal y profesional parecía oportuna una retirada discreta de la escena londinense. Por eso, el 18 de diciembre de 1878, la pareja partió en dirección a la India.

Parece que las cosas les fueron bien en su país de adopción. A diferencia de la mayoría de los occidentales, y en especial de los británicos establecidos en la India, los dos teósofos estaban realmente interesados en sus habitantes y en su cultura. Fijaron su residencia en un barrio de nativos de Bombay y comenzaron a mezclarse libremente con indios de todas las clases sociales. Quizás debido a su proximidad con la fortaleza de los mahatmas en el Himalaya, la concepción de HPB de los mismos sufrió un cambio considerable. En *Isis revelada,* la Blavatsky se había burlado del concepto de la reencarnación, calificándolo como «el fenómeno teratológico de un niño de dos cabezas». En la India, sin embargo, donde la reencarnación era ampliamente aceptada, resultaba útil para explicar los poderes extraordinarios del Maestro, que serían resultado de sus múltiples encarnaciones, y de este modo la reencarnación pasó a ser uno de los principios básicos de la Teosofía.

Pero además, los mahatmas que trataban con Madame Blavatsky empezaron a desarrollar una personalidad distintiva. El maestro Moyra era un viejo amigo; HPB lo conoció en Inglaterra en la década de 1850, cuando ya tenía 125 años. Miembro de la casta hindú de los guerreros, Moyra era un compañero severo y autoritario cuyas cartas en ocasiones rayaban en los malos modales (dichas misivas solían coincidir con los momentos de resentimiento de HPB). De más alegre disposición era en cambio el maestro Koot Hoomi, descendiente de una familia de brahamanes, quien había pasado gran parte de su juventud en Europa, y guardaba muy buenos recuerdos de las cervecerías de Munich.

Muchos de los nuevos discípulos indios de HPB aceptaban sin cuestionarla la existencia corpórea de los mahatmas. Un estudiante especialmente adepto llamado Ramaswamier estaba determinado a ver al maestro en carne y hueso con sus propios ojos, y un día en que pensó que Blavatsky se dirigía hacia el Himalaya decidió seguirla. No tardó en perderle la pista, pero continuó solo, adentrándose en los bosques de Sikkim, en dirección al Tíbet. Ramaswamier encontró en su camino un leopardo y un gato salvaje. Por fortuna, y puesto que no llevaba más arma que un paraguas, ninguno de los dos animales pareció interesado en atacarle. Al segundo día de viaje Ramaswanier fue abordado por un hombre a caballo, que en un principio tomó por oficial sikkimés. «Sin embargo, alcé los ojos y le reconocí inmediatamente… era él, el mismo mahatma, mi propio y reverenciado gurú, que había visto antes en su cuerpo astral en la terraza de la sede de la Sociedad Teosófica… No supe qué decir. La alegría y el respeto me impedían pronunciar palabra». El relato de Ramaswamier fue ampliamente difundido a través de un periódico teosofista.

Mientras tanto, Henry Olcott iba sumergiéndose poco a poco en las costumbres de la India. Con el tiempo terminó por dejarse crecer una barba que hubiera sido del agrado de cualquier Sikh, comenzó a llevar sandalias y túnicas indias, y se hizo budista —una conversión en modo alguno incompatible con la Teosofía, que reconocía la validez de todas las religiones—. También dedicó muchos esfuerzos a la Sociedad Teosófica: en un solo año, y según sus cálculos, recorrió unos 2.000 kilómetros, fundó cuarenta y tres nuevas logias teosóficas y reclutó miles de adeptos. El y HPB comenzaron a distanciarse, tanto físicamente, debido a sus viajes, como filosóficamente, porque Olcott pretendía subordinar los aspectos ocultos de la Teosofía a la reforma social y a la idea de hermandad universal.

HPB no estaba interesada en nada de eso: el ocul-

tismo era para ella néctar y ambrosía, y trabajaba sin descanso en el reclutamiento de nuevos discípulos para su causa. Entre los más importantes de éstos se encontraba Alfred Percy Sinnett, editor del *Pioneer,* un diario portavoz del poder británico en la India. Resultó que Sinnett estaba profundamente interesado en fenómenos ocultos, y nada más conocerle HPB comenzó a seducirle con sus viejos trucos, que en un principio se limitaban a sencillos juegos con pañuelos o al tradicional tintineo de campanas invisibles.

Sinnett se mostraba a la vez insatisfecho e intrigado. Había oído hablar de los famosos mahatmas, y quería pruebas

concluyentes de su existencia. Por ello invitó a la Blavatsky a pasar una larga temporada en su casa de la ciudad de Allahabad.

Durante su estancia allí, HPB trató de proporcionar a Sinnett las pruebas que éste reclamaba. Lo inundó —en ocasiones literalmente— de cartas de Koot Hoomi y, en menor medida, del maestro Moyra. En ocasiones Sinnett encontraba las cartas sobre su almohada, en otras sobre la mesa del desayuno y, por último, y durante sus visitas a la Sociedad Teosófica, éstas llovían del mismo techo.

innett quedó convencido, tan convencido, que en 1881 escribió un libro alabando la doctrina, que despertó el interés de Europa por la Teosofía. La entusiasta dedicación de Sinnett a tareas ocultistas no fue sin embargo del agrado de los conservadores propietarios británicos del *Pioneer,* que lo despidieron. En 1883 Alfred Percy Sinnett regresó a Londres, donde por entonces la Teosofía estaba en pleno apogeo. En 1884, Helena Blavatsky y Henry Olcott decidieron colocarse en la cresta de la ola visitando Londres. No podían imaginar que tras ellos dejaban un paraíso indio lleno de serpientes.

Ante la necesidad de dejar a alguien al frente del cuartel general de la Sociedad Teosófica, que había sido trasladado recientemente de Bombay a Adyar, frente a la bahía de Bengala, cerca de Madrás, Blavatsky confió en una antipática pareja llamada Emma y Alexis Coulomb. HPB había contratado a Alexis Coulomb como carpintero, mientras que Emma se convirtió en una especie de ama de llaves con ansias de grandeza y, como resultó más tarde, en ayudante de mago.

Al poco tiempo de la partida de HPB, los Coulomb inciaron una serie de enfrentamientos con los principales miembros de la sociedad, quienes terminaron por expulsarlos de la misma. A modo de venganza, Emma Coulomb acudió a la *Christian College Magazine,* una revista dirigida por protestantes que llevaban tiempo deseando poner a Helena Blavatsky en su sitio. El resultado fue la publicación de una serie de revelaciones bajo el alegre título de «El colapso de Koothoomi». Dicho artículo contenía extractos de al menos cuarenta cartas comprometedoras, supuestamente escritas por HPB a la señora Coulomb, como prueba de los engaños de Madame Blavatsky.

Entre otras cosas, Emma declaró que Helena le había encargado la confección de un muñeco del tamaño de un hombre con un turbante que, a la luz de la luna, aparecería como una manifestación de Hoot Koomi. En cuanto a las cartas que llovían del cielo, Emma declaró que, lejos de llegar por correo astral, eran lanzadas hacia abajo a través de una trampilla en el techo. Como prueba, una de las cartas incriminatorias, que contenía instrucciones para la visita de un determinado personaje al cuartel general de la Sociedad Teosófica, estipulaba que el mensaje de uno de los maestros había de «caer sobre su cabeza».

Tras la publicación de las acusaciones de Emma Coulomb, HPB se apresuró a volver a la India, negándolo todo y amenazando con querellarse por libelo. Sin embargo, el abogado Olcott se opuso firmemente. Asegurando que dimitiría de la presidencia de la Sociedad si HPB acudía a los tribunales, estaba convencido de que el litigio acabaría conduciendo inevitablemente a un juicio sobre «la verdad de la filosofía esotérica» y «la existencia de los mahatmas». Completamente frustrada, HPB embarcó de regreso a Inglaterra. Nunca más volvería a poner un pie en su amada India.

Pero lo peor estaba aún por llegar. Poco después de su llegada triunfal a Inglaterra, Blavatsky y Olcott habían sido abordados por los representantes de la recientemente fundada Sociedad para la Investigación Psíquica (Society for Psychical Research). Las intenciones del grupo parecían prometedoras: La SPR se había formado con el propósito de autentificar y al mismo tiempo desenmascarar el tipo de fenómenos ocultistas en los que estaba especializada HPB; entre sus miembros se encontraban varios incondicionales de la Sociedad Teosófica, y solicitaban una oportunidad para examinar los «maravillosos fenómenos» de HPB. Blavatsky accedió gustosa a cooperar.

Como parte de sus investigaciones, la SPR había enviado a la India a un joven australiano llamado Richard Hodgson para que estudiara los hechos *in situ.* Sus impresiones iniciales eran favorables a la Sociedad Teosófica. «Cualquiera que fueran mis ideas preconcebidas», escribiría más tarde, «estaba claramente a favor del ocultismo y de Madame Blavatsky». Dicha actitud, por supuesto, se vio alterada por las revelaciones de Emma Coulomb. Para confirmarlas, Hodgson contó con un informe fidedigno que relataba cómo en una ocasión un leal discípulo de Blavatsky había mostrado a un visitante un relicario, una caja de madera donde las cartas de los maestros se materializaban milagrosamente. Para demostrar que el relicario era sólido y no contenía compartimentos secretos, el teosofista agitó la caja con fuerza, lo que hizo que se abriera una tapa falsa. El investigador australiano descubrió, pues, que se había practicado una ranura donde meter el correo de los mahatmas, una ranura que Blavatsky y sus seguidores rellenaban a su conveniencia. En un informe de 200 páginas, Hodgson confirmó la mayor parte de las acusaciones de Emma Coulomb, añadiendo algunas de su propia cosecha.

Entre los cargos hubo uno especialmente triste para la historia de la Sociedad Teosófica. El investigador afirmaba que el devoto acólito Ramaswamier, quien creía haber tenido un encuentro con un mahatma en la carretera a Sikkim, había sido abordado en realidad por un hombre disfrazado que Blavatsky había contratado para que hiciera el papel del maestro. Un teosofista local se trastornó tanto con las acusaciones que decidió comprobar personalmente la existencia de los mahatmas. Este hombre, Damodar K. Mavalankar, no informó a nadie de sus intenciones de visitar las montañas del Tíbet —donde más tarde se encontró el cadáver de un hombre congelado que se pensó era él—. La tradición teosófica niega la aparente fertilidad de la muerte de Mavalankar, alegando que sí llegó a encontrar el hogar de los mahatmas antes de morir.

El escándalo internacional que siguió al informe de Hodgson habría bastado para silenciar a cualquiera; sin embargo, el gran momento de Helena Blavatsky estaba aún por llegar. Vieja ya, y aquejada del mal de Bright, una enfermedad del riñón que acabaría por matarla, Madame Blavatsky viajó por Italia, Alemania y Suiza antes de instalarse de nuevo en Inglaterra, donde, por increíble que parezca, habría de escribir su obra maestra, *La doctrina secreta*.

La doctrina secreta se convirtió en la verdadera revelación del pensamiento teosofista cuando se publicó en 1888. Supuestamente basada en el libro más antiguo del mundo, *Las estancias de Dyzan*, cuya existencia está aún por descubrir, la obra presenta la Teosofía en toda su complejidad. La idea

expuesta en el libro, que más tarde desarrollaron los sucesores de Blavatsky, es que la vida existe en un cosmos, que aparece descrito hasta el más mínimo detalle. Dicho cosmos contiene innumerables universos, en cada uno de los cuales hay varios sistemas solares. Al frente de cada sistema hay un logos, o divinidad solar, cuyos principales ministros son siete espíritus planetarios. Después de ellos se encuentran grandes grupos de devas, o ángeles. Cada planeta está gobernado por un ente celestial supremo.

La vida en los planetas tiene dieversas fases de evolución con niveles que van desde el mineral y vegetal, pasando por el animal y humano, hasta llegar al sobrehumano o espiritual. De este modo, hasta el más pequeño guijarro contiene en su interior la semilla de la vida, que al evolucionar puede convertirse en un ser humano de la talla de Einstein, San Agustín o Atila el Huno, e incluso —por qué no—, en Koot Hoomi.

La historia de la humanidad está explicada en *La doctrina secreta* como la sucesión de siete «razas-raíces». La primera, formada por los descendientes de la luna, habita en un continente llamado Tierra Sagrada Imperecedera. La segunda, conocida por los nombres de raza Hiperbórea, los Nacidos del Sudor y los Invertebrados, ocupa un vasto territorio en las proximidades del Polo Norte. Puesto que ninguna de estas razas es corpórea, sus miembros se reproducen por medios espirituales.

 a tercera raza se supone vivió y murió en Lemuria, una inmensa extensión de tierra al sur del desierto del Gobi que se hundió bajo lo que hoy es el océano Indico. Los lémures fueron la primera raza corpórea, hecho que les posibilita mantener relaciones sexuales. La cuarta raza ocupaba la Atlántida, que surgió y se hundió en el actual océano Atlántico.

La raza que puebla actualmente el planeta tierra es la quinta, o Aryan, que se inició en el norte de Asia, expandiéndose hacia el sur y el oeste, y que incluye a los anglosajones como subraza. En opinión de Blavatsky, las dos últimas razas están aún por aparecer, pero cuando lo hagan, la humanidad habrá llegado a su fin en la tierra y tendrá que trasladarse a otro planeta para iniciar el ciclo una vez más.

La constitución humana consta de varios cuerpos —físico, astral, mental y etéreo— algunos de los cuales desaparecen según el individuo va pasando a través de innumerables reencarnaciones, en su camino hacia el estado espiritual que existe en lo alto de esta escalera evolutiva. El ascenso hacia la pureza es largo y duro, dice *La doctrina secreta,* y el progreso en cada encarnación viene dictado por el karma, «la ley invisible y desconocida que relaciona justamente cada efecto con su causa». El karma representa los resultados del comportamiento terreno, que pasa de una reencarnación a otra como medida de la existencia ética y moral. Para Madame Blavatsky, el karma era «un juez infalible de la injusticia humana y de todos los errores de la naturaleza; un administrador implacable; una ley retributiva que premia y castiga con igual imparcialidad».

Aquellos a los que el karma ha permitido alcanzar el grado de suma perfección terrenal son, por supuesto, los mahatmas, entes sobrehumanos que han pospuesto deliberadamente la dicha de fusionarse con la unidad universal y han optado por permanecer en la tierra para custodiar la sabiduría milenaria. Son los propagadores de la voluntad del logos, así como los guías y maestros de la humanidad.

De esta forma, con su excéntrico genio, Madame Blavatsky había unido las piezas de un complejo mosaico, benevolente en su devoción a la justicia moral, y libre de los dogmas que constriñen muchas de las religiones establecidas, ofreciendo a la humanidad insatisfecha un esquema de vida y una visión del futuro al margen de las trabas impuestas por las reglas de la ciencia darwiniana. La popularidad alcanzada por esta optimista forma de evolución permitió a Blavatsky y a la Teosofía superar el escándalo del fraude, y ganar más adeptos para su sociedad.

La Teosofía sin embargo no carecía de rivales. En el mismo año de la publicación de *La doctrina secreta,* se fundó en Londres la Orden del Amanecer Dorado, atrayendo a sus filas a varios teosofistas, seducidos por sus rituales secretos y sus estudios de magia. Para

Annie Beant (izquierda) se convirtió en la máxima dirigente intelectual de la Sociedad Teosófica tras la muerte en 1891 de Blavatsky. En materias de ocultismo, sin embargo, solía recurrir al supuesto experto Charles Leadbeater (arriba), a quien ella describió como «un hombre en el umbral de la divinidad».

En 1882 esta propiedad en Adyar, India, se convirtió en cuartel general de la Sociedad Teosófica.

luchar contra la competencia, Blavatsky fundó una organización similar dentro de la Sociedad Teosófica. Llamada la Sección Esotérica, sólo fue admitida en la misma una selección de estudiantes aventajados, quienes se dedicarían a explorar los misterios de lo oculto en mayor profundidad que los teosofistas ordinarios. Esa elite pronto se convirtió en la fuerza dirigente de la Sociedad Teosófica. Para entonces, sin embargo, la obra de HPB estaba aún sin terminar. Durante los últimos años de su vida Blavatsky creó la revista *Lucifer,* y escribió *La voz del silencio,* una colección de preceptos que siguen siendo reverenciados por los teosofistas.

El 8 de mayo de 1891, Helena Petrovna Blavatsky murió sentada en su sillón favorito. La noticia de su fallecimiento fue primera plana en muchos periódicos de todo el mundo. Aunque gran parte de la prensa aprovechó la oportunidad para volver a relatar la historia del fraude, hubo periódicos dispuestos a admitir sus muchos logros. La *Pall Mall Gazette* de Londres la calificó como «una de las mujeres más notables de nuestra generación». El *Tribune* de Nueva York, con un comentario que con el tiempo resultaría ser cierto, observó que nadie «había hecho más que ella por destapar los largamente ocultos tesoros del pensamiento, la sabiduría y la filosofía orientales».

En *La doctrina secreta,* Blavatsky prometía a sus lectores la publicación de dos nuevos volúmenes que habrían de completar el camino que había desvelado «hacia el interior de una selva impenetrable… en la región de lo oculto». Habida cuenta de su notable reputación a la hora de trascender las adversidades del cuerpo y las leyes físicas de la naturaleza, no es

William Q. Judge (izquierda), uno de los miembros fundadores de la Sociedad Teosófica y cabeza de su rama de Estados Unidos, luchó con Annie Bessant por el control de la organización. Como resultado de ello, el grupo norteamericano se separó de la sociedad. Judge sólo sobrevivió un año a esta separación, y Katherine Yingley (derecha) le sucedió en el puesto.

de extrañar que muchos de sus seguidores esperaran que dichos libros aparecieran un día escritos desde el más allá —de hecho hay quienes siguen esperándolos hoy día.

Por fin, de esta manera, Madame Blavatsky encontró la paz, pero no así el movimiento teosofista, el cual durante las décadas siguientes habría de sufrir numerosos altibajos. El destino de la sociedad hubiera sido peor sin duda, si Blavatsky no hubiera designado como su sucesora a una mujer británica tan fuerte como ella, pero con un carácter completamente distinto.

El cuerpo sutil

Un sistema de pensamiento que influyó ligeramente en la Teosofía fue una secta hindú y budista llamada Tantra. El culto, que pervive hoy día, pretende estimular las energías del cuerpo y canalizarlas a través de una gran fuerza que conduce al iniciado hacia la plenitud espiritual.

Aunque la mayoría de los cultos indios consideran el ascetismo como una vía hacia la iluminación, Tantra practica el éxtasis, la búsqueda sexual que tiene por objeto reunir místicamente a dos divinidades que fueron separadas en el momento de la creación cósmica. Según las enseñanzas de Tantra, antes de la creación, el dios Shiva y la diosa Shakti estaban fusionados en una sola unidad cósmica. Pero el nacimiento del universo les separó, y dicha separación viene a simbolizar la dualidad existente en todas las cosas terrenas. El fin de Tantra es redescubrir la unidad divina, y participar así de la iluminación y el éxtasis de los dioses.

La metodología de la secta incluye la práctica de ciertos ritos, algunos de los cuales suponen largas sesiones de intercambio sexual entre un hombre y una mujer que comparten las mismas ansias espirituales.

Sin embargo el Tantra es una filosofía más disciplinada que orgiástica en el sentido general de la palabra—. Así, concede una gran importancia a los ejercicios respiratorios llamados *pranayama* y al control progresivo de procesos fisiológicos como la temperatura corporal, el ritmo cardíaco y los reflejos que conducen a la eyaculación. Otras disciplinas incluyen la meditación y el empleo de mantras, sílabas breves como «om» que se utilizan para concentrar las energías del cuerpo.

Al igual que otros hindús, los tantrikas creen que la conciencia de nuestro propio cuerpo y el control del mismo nos ponen en contacto con el «cuerpo sutil», una entidad compuesta de canales de energía vital. El cuerpo sutil se supone que

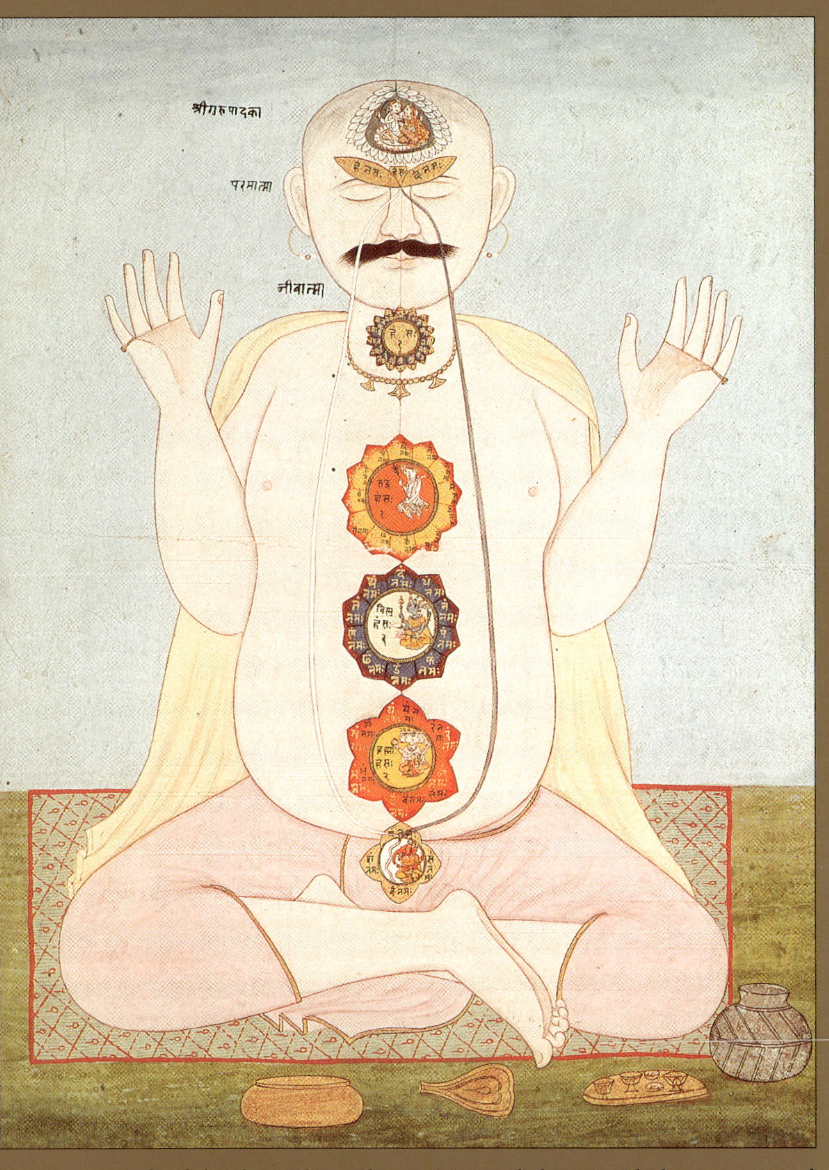

Esta pintura india del siglo XIX ilustra las posiciones de los siete chakras o centros de energía. Se cree que cada chakra está relacionado con un órgano del cuerpo y con una divinidad particular.

alberga siete centros de energía llamados chakras, los cuales forman una línea a lo largo de la columna vertebral, desde su base hasta la coronilla de la cabeza. En la base de la columna se encuentra también la serpiente dormida llamada Kundalini, símbolo de la diosa Shakti. Las prácticas de los tantrikas supuestamente tienen la

Este Shri yantra o mandala, que data de alrededor de 1700, era utilizado en la meditación tantrika para concentrar energías. El yantra simboliza el proceso continuo de generación.

habilidad de despertar a dicha serpiente, que comienza entonces su ascensión hacia el chakra situado en lo más alto. Conforme va subiendo, Kundalini da vida a cada chakra, hasta fusionarse con el chakra alojado en la cabeza, que simboliza el dios Shiva. La fusión entre ambas divinidades es entonces completa.

Otro camino hacia dicha unión es el rito tantrika del *chakrapuja,* en el que varias parejas practican rituales sexuales de diversa índole. Los compañeros son elegidos al azar, y

Símbolo de la plenitud espiritual en el arte tantrika del Tíbet, esta escultura del siglo XVI describe la unión perfecta entre los dos sexos.

según las enseñanzas del Tantra, el sexo se practica como un rito sagrado, sin los componentes ordinarios de amor o pasión.

Los teosofistas no compartían la metodología sexual de Tantra. Pero Charles Leadbeater, uno de los dirigentes del movimiento teosofista, se interesó por el sexo tantrika, así como por otros de sus rituales y prácticas. Basó su libro, *Los chakras,* en las nociones hindús, poniendo especial énfasis en Tantra —en la idea del cuerpo sutil y sus siete centros de energía— y se las arregló para introducir dichos conceptos en la corriente ecléctica del misticismo teosófico.

Leadbater se inició en el Tantra en 1915, de la mano de un antiguo discípulo de una secta llamada Ordo Templi Orientis (Orden de los Templarios del Este), cuyas prácticas incluían los ritos sexuales trantrikas.

Annie Wood Besant estaba regida por el entusiasmo. Cuando aún era una adolescente, se obsesionó con el cristianismo; por ello a nadie le extrañó que a la edad de veinte años contrajera matrimonio con el reverendo Frank Besant, sacerdote anglicano. Sin embargo, la vida de esposa de un vicario no estaba hecha para Annie Besant. Como dijo un amigo suyo, «al no poder ser la esposa del cielo, se convirtió en la esposa de Mr. Frank Besant. Este no era lo que se dice el sustituto adecuado». En 1873, tras seis años de infelicidad doméstica, la pareja se separó.

nnie Besant mudó drásticamente sus creencias, convirtiéndose en atea activista dentro de la librepensadora Sociedad Nacional Secular, y ascendiendo rápidamente dentro de sus filas. Pionera del feminismo, fue la primera mujer que defendió públicamente el uso de anticonceptivos, y en 1877 fue arrestada bajo la acusación de vender «literatura obscena», por lo que era en realidad un folleto informativo sobre el control de la natalidad.

Unos años después Besant se enroló en la Sociedad Fabian, animada por su amigo el socialista George Bernard Shaw. El escritor la describiría más tarde como una mujer «que siempre se unía a un movimiento con ideas de renovación, y comenzaba a predicar la nueva fe antes de que su audencia supiera que la antigua ya no era válida».

Siendo así, no es de extrañar que la señora Besant proclamara súbitamente en 1889 que había decidido abrazar la Teosofía.

La conversión le vino después de leer una crítica favorable sobre el libro *La doctrina secreta,* que la llevó a entrevistarse con HPB. Madame Blavatsky tenía un talento especial para detectar reclutas prometedores, y una vez que Besant entró a formar parte de la sociedad, facilitó su rápida ascensión en las filas de la Sección Esotérica. De su protegida, HPB dijo en una ocasión: «No hay nada psíquico o espiritual en ella; es todo intelecto». Besant se diferenciaba de Blavatsky en otro aspecto: era célebre por su honestidad, una reputación que ella valoraba profundamente.

Antes de morir, Blavatsky manifestó públicamente su deseo de que Annie Besant la sucediera como secretaria de la Sociedad Teosófica y cabeza de la Sección Esotérica, que se había convertido en el verdadero centro de poder dentro de la extensa organización. Una de las personas a las que HPB expresó sus deseos fue William Quan Judge, un abogado de Nueva York de origen irlandés que por entonces se hallaba a cargo de los asuntos de la Sociedad Teosófica en Norteamerica. Pero Judge tenía sus propios planes.

«No haga nada hasta que yo llegue», decía el telegrama que éste envió a Besant tras conocer la noticia de la muerte de HPB, tras lo cual partió inmediatamente para Inglaterra. Una vez allí diseñó un esquema según el cual él se quedaría al frente de la Sección Esotérica en Estados Unidos, y Besant haría lo propio en Inglaterra. Cuál sería la sorpresa de Besant cuando, mientras se hallaba considerando la propuesta de Judge, encontró en un cajón una nota procedente del mahatma Moyra. Estaba escrita en lo que parecía la misma letra de las cartas recibidas en vida de Blavatsky, con el mismo tipo de lápiz y en el mismo papel de arroz. El mensaje era directo: «El plan de Judge es el correcto».

Continuaron llegando misivas de los mahatmas. Aunque las circunstancias de su envío siguen sin estar claras, parece ser que llovían repentinamente del techo o aparecían en lugares inesperados cuando nadie se hallaba presente, o bien llegaban por el correo ordinario. Al principio, Annie y aquellos que estaban al corriente de la recepción de dichas cartas mantuvieron el asunto en secreto.

Sin embargo, transcurridos unos meses desde la muerte de HPB, en una gran sala atestada de admiradores y periodistas enviados por prácticamente todos los periódicos de Londres, Annie Besant decidió hacer un anuncio sorprendente: Si Blavatsky era un fraude, dijo, entonces también lo era ella, pues había recibido cartas procedentes de un «mundo desconocido».

«Ustedes nunca han oído una mentira de mis labios», declaró. «Ni siquiera mis peores enemigos han dicho jamás una palabra en contra de mi integridad. Les digo que desde la muerte de Madame Blavatsky he recibido cartas en la misma escritura que las que ella recibía. A no ser que crean que los muertos pueden escribir, estoy segura de que éste es un acontecimiento extraordinario».

Sus palabras causaron sensación a nivel internacional. Annie Besant era una figura pública de peso considerable. Aunque su adhesión a la teosofía había sido difícil de aceptar para muchos de sus admiradores, seguía gozando de mucha más credibilidad que la poco ortodoxa Blavatsky. Su declaración provocó las burlas de algunos, pero otros se preguntaron si tal vez la Sociedad para la Investigación Psíquica no habría juzgado injustamente a la Blavatsky. Los periódicos de Londres comenzaron a recibir cartas de sus lectores comentando las revelaciones de Besant, mientras que a las oficinas de la Sociedad Teosófica llegaban recortes de prensa que hablaban del asunto en todos los rincones del mundo. Al principio el número de éstos ascendía a los cien diarios; con el tiempo la cifra descendió a mil artículos mensuales.

En suma, la Teosofía y los mahatmas volvían a estar en boca de todos, de hecho más que nunca. El *Times* de Londres evitó en un principio manifestarse sobre los hechos, pero para el mes de octubre se vio obligado a implicarse, empujado por el creciente interés de sus lectores, que requerían información al respecto. Incluso William Gladstone, antiguo y futuro primer ministro de Inglaterra, se vio implicado en los acontecimientos. Presionado por el líder de un club de trabajadores para que expresara su opinión, Gladstone declaró que no creía ni en el espiritismo ni en la teofosía, y que no veía por qué habrían de discutirse dichos temas en los clubes de trabajadores.

Una novela por entregas titulada *Morial el Mahatma* disparó las ventas de la popular revista en que se publicó. Un avispado fabricante de sombreros pronto puso a la venta el turbante de mahatma en el mercado, al precio de tres chelines, y entre los londinenses más elegantes se instauró la moda de saludarse por la calle con la pregunta «¿Cómo está su karma hoy?» Aunque gran parte de la publicidad se hacía en tono escéptico o jocoso, los líderes de la Sociedad Teosófica estuvieron de acuerdo en admitir que les resultaba beneficiosa, puesto que ampliaba el círculo de los interesados en la misma. Al cabo de dos años, no obstante, los teosofistas comenzaron a albergar serias dudas sobre todo el asunto. En el seno de la sociedad se rumoreaba que las cartas eran un fraude. Finalmente Annie Besant llegó a manifestar públicamente: «Cuando anuncié que había

recibido... cartas con la letra que H.P. Blavatsky había sido acusada de falsificar, me refería a las cartas que me entregó Mr. Judge, y puesto que estaban redactadas en una escritura de todos conocida, jamás se me pasó por la mente el cuestionar su fuente. Ahora sé que no fueron escritas o transmitidas por el Maestro, sino por Mr. Judge». Parece ser que Judge había descubierto los lápices, el papel y el sello de los mahatmas utilizados por Blavatsky en su visita a Londres tras la muerte de ésta, y había imitado su escritura con considerable éxito.

Para entonces se avecinaba ya una lucha abierta por el control de la Sección Esotérica. En noviembre de 1894, Judge declaró que los mahatmas le habían ordenado por carta destituir a Besant de su cargo, puesto que estaba controlada por «Oscuros Poderes», y asumir él sus funciones. Olcott tomó partido por Besant y exigió la dimisión de Judge. En 1895 éste fundó una organización separada con el nombre de Sociedad Teosófica de América. La respuesta de Besant no se hizo esperar. En 1897 se embarcó en una gira de conferencias por Estados Unidos. Al término de la misma había ya en el país treinta y siete nuevas ramas de la Sociedad Teosófica, todas ellas leales al cuartel general de Adyar.

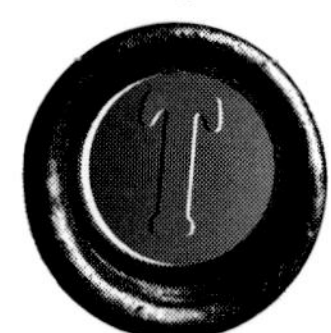

ras la muerte de Henry Steel Olcott en 1907, Annie Besant asumió la presidencia de la sociedad. Se trasladó a Adyar, y una vez allí dedicó sus energías a ayudar a las gentes de la India, lo que hizo con la intensidad que la caracterizaba. Besant trató de despertar en los nativos un sentimiento de orgullo nacional, con una serie de conferencias tituladas «Despierta, India». Ya en el terreno práctico, estableció una Orden Teosófica de Ayuda, cuyas ramas no tardaron en extenderse por gran parte del país, dedicándose a todo tipo de labores humanitarias, desde la lucha por el sufragio femenino hasta el cuidado de los ciegos o la reforma de prisiones y hospitales.

Besant se interesó también por la educación en la India: la creación de la Universidad Central Hindú fue posible en gran parte gracias a sus esfuerzos. En sus aulas, hombres que habrían de forjar el destino de la India como nación independiente, incluidos Mahatma Gandhi y Jawaharlal Nehru, estudiaron y se empaparon de la cultura y las tradiciones hindúes.

Durante la I Guerra Mundial, Besant apoyó con fervor el autogobierno indio. En 1916 fundó la Liga de Gobierno Nacional, como institución auxiliar al Congreso Nacional Indio, el partido político nativo creado en 1885 con el objetivo de promover la reforma económica y conducir a la India hacia la independencia de los británicos. Más tarde Besant adquirió un periódico en Madrás; cambió su nombre por el de *New India,* y lo transformó en la publicación anglo-india más importante del país, tan radical en sus críticas contra el dominio británico que las autoridades coloniales pusieron a su directora bajo arresto domiciliario. El mismo Gandhi, que en ocasiones criticó la teosofía, reconoció que Annie Besant «había hecho del Gobierno Nacional un *mantrum* (precepto) en cada casa».

En 1917, junto con Gandhi y otros líderes del momento, Besant fue nombrada presidenta del Congreso Nacional Indio, un cargo que, aunque honorario, era el más importante que los indios tenían potestad para conceder.

Sin embargo, y a pesar de todos sus éxitos en el terreno humanitario, el período que estuvo Annie Besant al frente de la Sociedad Teosófica fue una etapa de amargas disensiones. Parte de los problemas fueron provocados por la presencia de Charles W. Leadbeater, un antiguo sacerdote anglicano expulsado de la asociación en 1906, como resultado de un escándalo en el que se vieron envueltos varios niños de los que fue tutor. Su delito, al parecer, fue decir a los muchachos que masturbarse no era pecado.

Annie Besant quedó rápidamente seducida por Leadbeater, y poco después de ser nombrada presidenta de la sociedad hizo pública una carta de Koot Hoomi en la que éste aseguraba que «no había nada de malo en los consejos que había dado Leadbeater a aquellos muchachos». Así, él fue readmitido en la

---

sociedad, y pronto embarcó a Annie Besant en un proyecto que terminaría destrozándole el corazón a ésta.

Leadbeater se encaprichó de un joven brahmán de catorce años llamado Jiddu Krishnamurti, hijo de un funcionario indio y una teosofista. El inglés estaba convencido de las dotes del muchacho para convertirse en un gran profesor, una especie de transmisor que con el tiempo se convertiría en la encarnación del Mesías. La sabiduría que Jiddu habría de transmitir, en opinión de Leadbeater, conduciría a la humanidad en su evolución hacia una nueva raza, descrita en las enseñanzas teosóficas. A instancias de Leadbeater, Annie Besant convenció al padre de Jiddu para que le permitiera adoptar al chico. Como vehículo para la nueva misión espiritual del joven Krishnamurti, estableció una nueva organización, la Orden de la Estrella del Este.

Dentro de la Sociedad Teosófica el asunto levantó airadas protestas. Muchos de sus miembros pensaron que Leadbeater estaba intentando crear una nueva iglesia —lo último que Blavatsky tenía en mente en el momento de fundar la sociedad, en contra como estaba de la religión organizada como institución—. Un dirigente teosofista, Rudolph Steiner, distinguido académico en el terreno de la literatura y líder de la rama alemana de la sociedad, llegó a retirarse de la misma para fundar su propia sociedad Antroposófica, que pervive en la actualidad.

A pesar de la oposición, Besant y Leadbeater persistieron en sus propósitos durante varios años, impartiendo su sabiduría de lo oculto a Krishnamurti, y preparándolo para su cometido como portavoz del Mesías. El muchacho acompañaba en ocasiones a Besant en sus giras de conferencias. Pero aunque algunos de los seguidores indios llegaron a postrarse ante él, el mismo Jiddu Krishnamurti comenzaba a albergar serias dudas acerca de la misión a que había sido destinado. Finalmente, en 1929, en presencia de Besant y otros 3.000 teosofistas, en el transcurso de un campamento de verano, renunció oficialmente a sus lazos con la Divinidad, disolvió la Orden de la Estrella del Este, expresó su rechazo a todas las sec-

Las gentes se congregan en Adyar en 1833 para presenciar la incineración según el rito hindú de la teosofista Annie Besant, famosa por sus labores humanitarias. Su antiguo colega Charles Leadbeater (en el centro, con túnica) enciende la pira funeraria.

tas de tipo religioso y se dispuso a llevar una vida independiente como conferenciante y educador, hasta su muerte en 1986.

Annie Besant no volvió a ser la misma después de la marcha de Krishnamurti. Olvidando sus cruzadas, permaneció casi recluida en el cuartel general de Adyar durante el resto de sus días. Tras su muerte en 1933, a la edad de ochenta y cinco años, fue incinerada según el rito hindú; Charles Leadbeater se encargó de colocar la antorcha en su pira funeraria.

La sociedad Teosófica pervive en la actualidad, y mantiene su cuartel general en Adyar. Tras la deserción de Krishnamurti, el número de adeptos descendió considerablemente. De los 45.000 miembros con que contaba en los años veinte, momento de máximo apogeo, pasó a tener 35.000, aunque los cismas que dividían sus diferentes ramas nunca llegaron a desaparecer por completo. A pesar de todo, la Sociedad permanece activa y organiza programas de bienestar social, promoviendo la idea de hermandad entre los pueblos.

La segunda sociedad oculta más importante de la época, la Orden del Amanecer Dorado (Order of the Golden Dawn), era mucho más pequeña que la Sociedad Teosófica, y nunca llegó a contar con más de 300 miembros. Sin embargo, su influencia fue mucho mayor de lo que sus seguidores habían imaginado. Fundada tres años antes de la muerte de HPB, la nueva organización nació en parte como una reacción occidental al orientalismo de la Sociedad Teosófica. A pesar de su envoltura egipcia, la orden tenía un trasfondo de tintes greco-romanos que evocaba la confraternidad cristiana de los Rosacruces. Todos sus miembros fundadores de hecho eran rosacruces y francmasones. El Amanecer Dorado adoptó los elaborados rituales secretos que HPB rechazaba en base a sus nociones de la simplicidad india. Sus reuniones no eran, en cambio, menos misteriosas que las de la Sociedad Teosófica.

El nombre completo de la nueva institución era el de Orden Hermética del Amanecer Dorado, pero con objeto de mantener su existencia en secreto, los miembros solían referirse a ella simplemente como GD (de Golden Dawn). Como muchos otros aspectos del Amanecer Dorado, los orígenes de la orden resultaban borrosos. Según sus crónicas, fue creada en 1880, cuando el reverendo A.F.A. Woodford, un sacerdote anglicano y masón se hallaba curioseando en un puesto de libros de segunda mano y encontró un fajo de manuscritos, escritos en clave y de aparente antigüedad. Para 1887 dichos manuscritos se hallaban en poder del doctor William Wynn Wescott, un médico que había sido nombrado oficial de justicia encargado de investigar las muertes por causa violenta en el distrito Norte de Londres. Era también teosofista y francmasón practicante, miembro de la Sociedad Rosacruz de Inglaterra.

 ojeando los manuscritos se cuenta que Wescott encontró una carta, escrita en alemán, en la que se aconsejaba a cualquiera que deseara obtener más información que contactara con Sapiens Dominabitur Astris —expresión latina que significa «el sabio será gobernado por las estrellas»—, y de ahí en adelante conocido en los círculos del Amanecer Dorado como SDA. La carta decía que podía llegarse hasta SDA a través de una tal Fräulein Anna Sprengel, cuya dirección completa en Alemania se adjuntaba en la misiva. Pronto se iniciaría una animada correspondencia. Una vez descifrados, resultó que los manuscritos contenían notas y diagramas que venían a ser una somera descripción de cinco rituales para la formación de una sociedad oculta. Poco después se encargó a Wescott que se ocupara de desarrollar a partir de dichas notas rituales completos, y

de reunir adeptos para la causa. Hay numerosas pruebas, sin embargo, que indican que los manuscritos, lejos de proceder de tiempos remotos, habían sido redactados en algún momento después de 1870, posiblemente por el mismo Wescott.

Es más que probable que tanto SDA como Fräulein Sprengel fueran invenciones de Westcott; una vez que el Amanecer Dorado se hallaba firmemente asentado, éste anunció el triste fallecimiento de Anna Sprengel, y junto con ella desapareció también Sapiens Dominabitur Astris. Además, se sabe que Wescott difundió información falsa acerca de los Estudiosos Herméticos del GD, para transmitir la impresión de que se trataba de una sociedad, según sus propias palabras «muy antigua», cuando de hecho se encontraba aún en plenos comienzos.

Por qué William Wescott, un personaje público respetable, se involucró en semejante conducta fraudulenta sigue siendo hoy uno de los muchos misterios que rodean la historia del Amanecer Dorado. El historiador británico Ellic Howe pudo muy bien haber dado con la respuesta un siglo más tarde, investigando los viejos documentos de la sociedad. Howe mostró a un grafólogo varios documentos escritos por Wescott. El experto declaró que los papeles no podían haber sido escritos por la misma persona; los estilos eran demasiado diferentes. Una vez convencido de que los documentos procedían de un mismo autor, el grafólogo no dudó en afirmar que Wescott era un caso claro de personalidad múltiple.

Otra posible explicación —que puede también justificar el interés de otros victorianos por el ocultismo— es que Wescott pudo no haberse tomado el proyecto con toda la seriedad que cabría pensar, y que por tanto no veía ningún mal en sus pequeños engaños. (Definitivamente, lo que le interesaba no era el dinero: la cuota de socio era tan sólo de dos chelines y seis peniques al año, apenas suficientes para cubrir los gastos de licencia, vino para los rituales, etc.). Quizá simplemente —y esto es mera especulación— Wescott y algunos otros consideraban su actividad en la sociedad como una especie de juego, una oportunidad para pasar un buen rato disfrazándose de encapuchados y recitando sonoros conjuros, de compartir palabras y señas secretas con un grupo de compañeros, propósitos todos ellos no muy distintos a los que empujaban a los estudiantes norteamericanos a formar hermandades secretas en aquella misma época.

Ciertamente había algo de excitacion infantil en todo aquello, como muy bien recordaría Alfred Edward Waite, un distinguido estudioso de lo oculto, varias décadas más tarde: «En los círculos teosóficos se rumoreaba acerca de la existencia de una orden secreta de grandes pretensiones. Recibía extraños mensajes inesperados de oscuras personas que colocaban sellos indescifrables debajo de sus nombres como queriendo probar si yo era uno de ellos. Se susurraban palabras de misterioso significado… que tenían que ver con todo este oscuro y atrayente asunto. El nombre de Wescott… acechaba remotamente».

Si es cierto que Wescott creó la orden por pura diversión, también lo es que el escocés que escogió para que se hiciera cargo de los rituales se tomaba sus tareas mucho más en serio. En un principio, Samuel Liddell Mathers parecía un ser inofensivo. A. E. Waite lo consideraba un mago con aires de bufón, y lo describió, un tanto despectivamente, como «un individuo extraño, con ojos de pez». W. B. Yeats, quien abandonó la Teosofía por el Amanecer Dorado, comentaba que Mathers poseía «muchos estudios, pero poca formación académica». Habiendo pasado años sepultado entre gruesos volúmenes de la sala de lectura del Museo Británico, y dotado de un talento natural para las ceremonias, Mathers, a petición de Wescott, elaboró toda una serie de impresionantes rituales y espléndida parafernalia para la orden. Con el tiempo se mostró menos dispuesto a cooperar, comenzando por dar de lado a Wescott e

instituyéndose él mismo como el verdadero autócrata de la sociedad.

Mathers era un hombre extremadamente peculiar. Según su mujer, Moina, más conocida dentro de la Orden del Amanecer Dorado como Vestigia, ni ella ni Mathers tuvieron jamás «ningún tipo de contacto sexual: ambos nos hemos mantenido completamente puros». Podía sin embargo ser encantador. A Yeats le gustaba pasar tiempo con él, y algunas tardes solían entretenerse disputando una partida de un extraño ajedrez de cuatro jugadores, donde Yeats y Moina se enfrentaban a Mathers y a un espíritu. Mathers dirigía siempre una mirada a la silla vacía de su compañero antes de efectuar algún movimiento.

La megalomanía de Mathers ignoraba las fronteras que separan lo real de lo imaginario. Miembro activo de un grupo político marginal celta cuyo objetivo era restaurar a los Estuar-

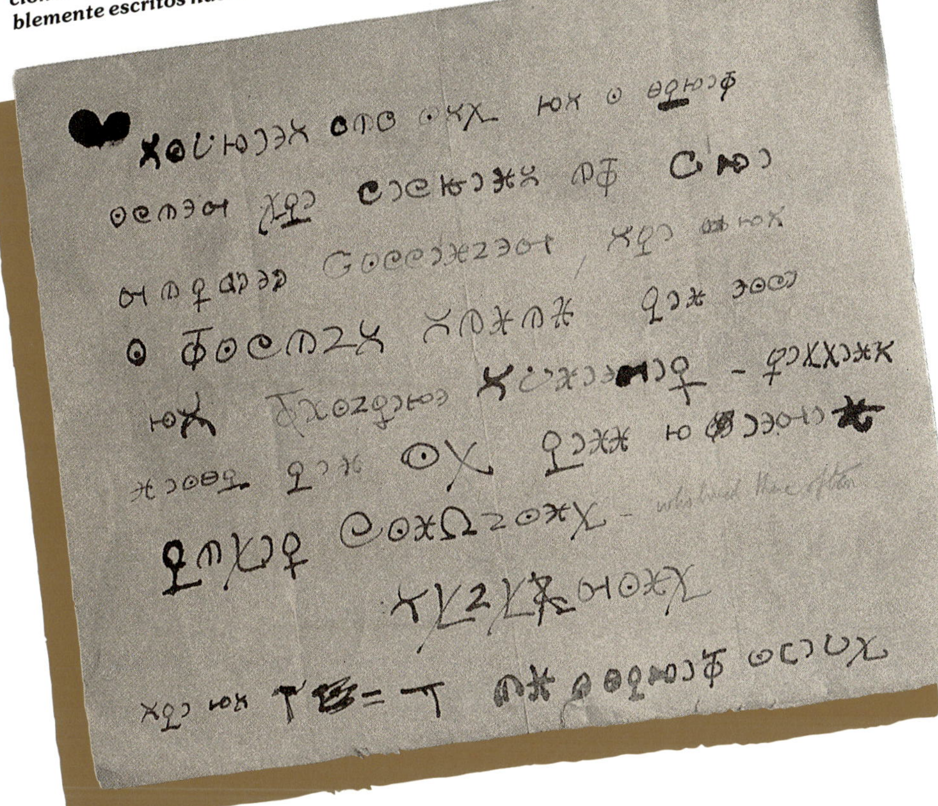

incluían miembros de cinco templos diferentes, desde Londres a París, pasando por Edimburgo, había gente de talento, algún que otro genio y personas que simplemente gozaban de una posición lo suficientemente privilegiada como para dejarse manejar fácilmente.

Visto desde hoy, W. B. Yeats, que fue Premio Nobel de Literatura en 1923, fue sin lugar a dudas el iniciado más ilustre de la orden. Al poeta le interesaron durante toda su vida las ciencias ocultas. Ya desde niño le gustaba leer historias irlandesas sobre fantasmas y brujería, y durante la adolescencia buscó la compañía de personas «que trataban de comunicarse con las fuerzas del mal». Cuando era aún un muchacho asistió a una reunión donde un hechicero encapuchado —armado de un incensario, dagas, una calavera humana y otros artefactos similares— degolló a un gallo negro y vertió su sangre en un recipiente, mientras recitaba encantamientos en voz baja. En aquella ocasión Yeats no llegó a ver las serpientes que otros decían haber visto, pero se sintió rodeado de unas malvadas nubes negras tan amenazadoras que tuvo la sensación de tener que luchar contra ellas para que no le aniquilaran por completo. Como miembro de la Sección Esotérica de la Sociedad Teosófica, había participado con Annie Besant en experimentos en los cuales, como escribiría a un amigo, «una aguja suspendida de un hilo de seda bajo una urna de cristal se ha movido de un lado a otro a voluntad mía, y he presenciado experimentos de naturaleza aún más extraña».

Durante tres décadas Yeats estuvo tan absorbido en la magia y la política del Amanecer Dorado y las numerosas asociaciones que sucedieron a ésta, que uno no puede menos que preguntarse de dónde sacaba el tiempo para escribir. En una ocasión declaró que la magia era algo «cercano a la poesía, el objetivo más importante de mi vida», y resultaba evidente que no encontraba ambos intereses en absoluto incompatibles.

do en el trono de una Escocia independiente, añadió un patronímico escocés a su nombre, pasando así de Samuel Liddell MacGregor Mathers a ser el conde MacGregor de Glenstrae. A decir de algunos que lo conocieron, solía afirmar que era Jaime IV, el cual, aclaraba, no había muerto en la batalla de Flodden de 1513, sino que su alma inmortal sobrevivía en él. Yeats dijo en una ocasión que a Mathers «le gustaba imaginarse como un Napoleón» en una Europa transformada por la vuelta de los jacobeos, e incluso «llegó a ofrecer puestos de subordinados a las gentes más extrañas». Cada uno de los miembros del Amanecer Dorado se identificaba por un lema personal: Mathers escogió para el suyo la expresión gaélica equivalente a «real es mi tribu». Dentro de la orden el escocés exigía de sus adeptos «completa y absoluta sumisión», según sus propias palabras.

o me importa un ápice lo que usted piense», le dijo a un miembro que se atrevió a cuestionar su autoridad. «Me niego absolutamente a aceptar cualquier discusión sobre alguno de mis actos… por parte de usted o de cualquier otro miembro». Desgraciadamente para Mathers, los miembros del Amanecer Dorado eran personas independientes. En sus filas, que

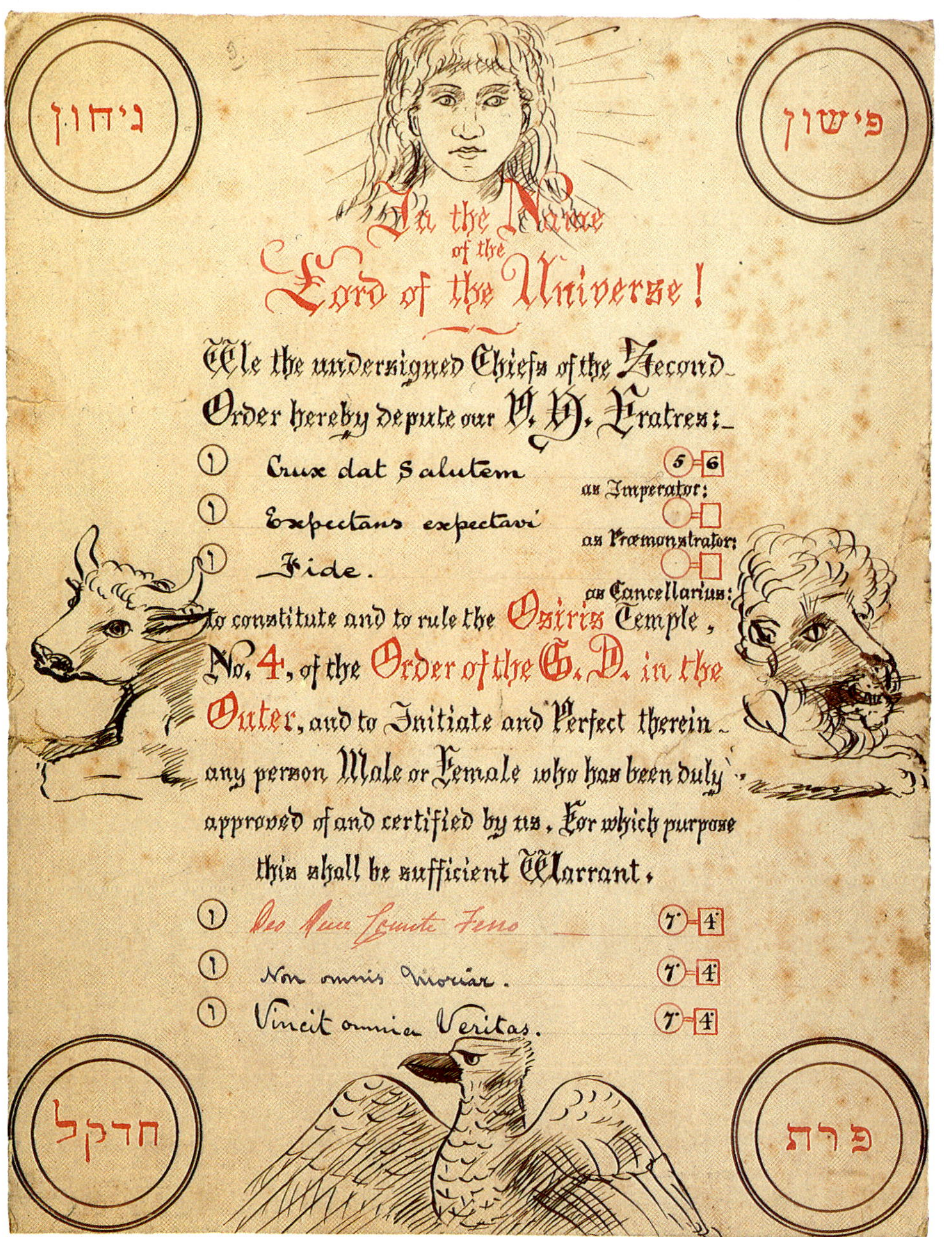

En este documento que contiene los estatutos de la orden del Amanecer Dorado, hay cuatro «figuras vivientes» tomadas de la Biblia simbolizando a los apóstoles. Empezando por arriba y en el sentido de las agujas del reloj se encuentran el hombre (Mateo), el león (Marcos), el águila (Juan) y el toro (Lucas). Los cuatro círculos, representando los mundos que surgieron de la creación, contienen los nombres en hebreo de los cuatro ríos del Edén mencionados en el Génesis. Las frases latinas que cierran los estatutos son los lemas de los fundadores del Amanecer Dorado, Wescott, Mathers y Woodman.

xualidad del escritor— «no me importa lo que hagan, siempre que no lo hagan en las calles, asustando a los caballos de los coches».

Al igual que Yeats, Farr no fue una simple aficionada a la magia. Durante la década de 1860 fue instructora principal de rituales en el templo Isis-Urania del Amanecer Dorado en Londres. Se recuerda una ocasión en que conjuró a un espíritu llamado Taphthartharath, cociendo una serpiente en un «caldo infernal» hecho de ingredientes mágicos. La visión de la bella actriz, ataviada con una túnica blanca y una banda amarilla blandiendo una daga, representa la virtual epifanía del Amanecer Dorado, especialmente si los asistentes al acto congregados alrededor del caldero son un pintor, un agente de bolsa y un ingeniero electrónico, todos vestidos de igual manera y portando espadas, una vela, una cadena y una lámpara. Shaw dijo de su amante que se hallaba «en violenta oposición a la moralidad victoriana, especialmente la referida a la sexualidad y a la vida doméstica». Su temperamento rebelde no debió facilitar en modo alguno las pretensiones absolutistas de Mathers.

Tampoco debió hacerlo la naturaleza igualmente rebelde de otro conocido miembro de la sociedad, Annie Horniman. Hija de un famoso y adinerado comerciante de té, Horniman se convirtió en una verdadera espina en el corazón de Mathers, ya que ella era tan rica como él pobre. Mujer generosa, dedicó su vida al teatro, y se la recuerda fuera de los círculos del Amanecer Dorado como la fundadora del famoso Abbey Theatre de Dublín. Fue ella quien consiguió a Mathers un trabajo como conservador en el museo privado de su padre, y más tarde les otorgó a él y a su mujer —que resultó ser una antigua compañera de colegio— una pensión anual. Al principio todo marchó bien, pero con el tiempo los Mathers, que se daban la buena

Cuando un amigo le reprochó su afición por lo oculto, Yeats replicó que «no podría haber escrito una sola palabra» de algunas de sus obras «si no hubiera hecho de la magia un estudio constante».

«La vida mística es el centro de todo lo que hago y de todo lo que pienso y de todo lo que escribo», proclamó.

Otro miembro famoso del Amanecer Dorado fue la actriz Florence Farr, quien protagonizó obras de Henrik Ibsen y George Bernard Shaw, y fue la amante de este último durante varios años. Yeats dijo de ella que poseía «tres grandes cualidades: una belleza tranquila… un incomparable sentido del ritmo y una bella voz». También estaba dotada de considerable ingenio. Aunque muchos se atribuyen el mérito, aparentemente fue Florence Farr quien declaró en público, a propósito del juicio de Oscar Wilde —un caso de calumnia en que se juzgó la homose-

vida en París a sus expensas, terminaron por volverse tan exigentes que Annie Horniman decidió retirarles su ayuda económica. Todo ello fue motivo de graves enfrentamientos en el seno del Amanecer Dorado.

Otros miembros notables de la orden fueron el escritor Algernon Blackwood, conocido por sus historias ocultistas; el astrónomo William Peck, jefe del observatorio de Edimburgo, y el psicoanalista y novelista Dion Fortune, cuyos libros a menudo trataban de temas sobrenaturales. Fortune llegó incluso a formar su propia sociedad, la Confraternidad de la Luz Interior, que sigue existiendo hoy en día. Otro miembro del GD, A. E. Waite —el académico que nos relataba los oscuros rumores que envolvieron la fundación de la orden— ha sido alabado como una de las pocas personas de la época contemporánea que ha escrito sobre la cábala de forma inteligente.

El arma principal de Mathers en su lucha continua por el control de los miembros de la sociedad fue su supuesta relación con los Jefes Secretos de la misma. Estos eran maestros inmortales y sobrehumanos similares de algún modo a los mahatmas de la Teosofía. En época de Mathers tan sólo él y su mujer era capaces de oírles, y guardaban esta supuesta conexión con gran celo. «No puedo contarles nada», dijo en 1896 en el transcurso de una declaraciones relacionadas con los Jefes Secretos. «Ni siquiera conozco sus nombres terrenales. Me dirijo a ellos con una especie de apodos. Les he visto en muy pocas ocasiones en su forma corpórea; y siempre se trataba de citas fijadas astralmente por ellos». El solo hecho de estar en presencia de estos seres, decía, era como recibir «un rayo iluminador», excepto que se trataba de una experiencia continua más que momentánea. «No creo que un iniciado menos avanzado que yo resistiera tanta tensión sin morir», llegó a declarar Mathers.

Según su versión de los hechos, los Jefes Secretos le hacían depositario de todos los rituales y sabiduría antiguos que él luego se encargaba de transmitir al Amanecer Dorado. Solía decir que se comunicaba con ellos por medio de la clarividencia, por «una Voz Directa audible tan sólo para mis oídos y los de Vestigia» que le mostraba viejos libros para que los copiara: «la tensión de dichas tareas ha sido, como podrán imaginar, enorme», dijo, refiriéndose en especial a un ritual particularmente riguroso, «el cual llegué a pensar que acabaría por matarme a mí, o a Vestigia, o a los dos».

En 1892 los Mathers regresaron a París, donde siguiendo supuestamente las órdenes de los Jefes Secretos, fundaron una segunda, o interior, orden del Amanecer Dorado. Con el establecimiento de este círculo de elite, que los Mathers llamaron Orden de la Rosa del Rubí y de la Cruz de Oro (Ordo Rosae Rubeae et Aurea Crucis, o simplemente la RR et AC), el GD se transformó definitivamente en una acade-

A.E. Waite, líder de la facción mística del Amanecer Dorado en los últimos años de la orden, controló el Templo de Isis-Urania en Londres desde 1903 hasta que cerró en 1914. Waite es autor de varios libros sobre temas ocultistas, incluyendo la Guía pictórica del Tarot. También diseñó las cartas del Tarot del Amanecer Dorado, la baraja más empleada hoy día.

mia para magos. Todo miembro que hubiera superado los relativamente sencillos exámenes para los grados externos de la orden se enfrentaba a una dura tarea. Debía pasar cinco pruebas diferenciadas con objeto de ingresar en la RR et AC. Una vez se hallaba a las puertas de éste, por decirlo de algún modo, debía realizar ocho exámenes más para adquirir la categoría de theoricus adeptus minor —adepto de la orden interna— Después de eso existían cinco grados adicionales más, pero pocos miembros aparte de Mathers o Wescott llegaron tan alto en la jerarquía de la orden. Con la RR et AC funcionando bajo la dirección de Mathers, la orden externa de Wescott quedó prácticamente sin miembros. Incluso el mismo Wescott pertenecía al grupo interno.

Los rituales en el nuevo corazón de la orden eran fantásticas creaciones de Mathers. Por ejemplo, en el rito de iniciación de la RR et AC el candidato entraba en una sala de siete paredes de más de tres metros de altura cubiertas con símbolos de la cábala en colores de oculto significado. La idea de que un cargo público como Wescott participara en dichos rituales tumbado en un ataúd simulando ser un cadáver parece que no agradó demasiado a las autoridades londinenses, que una vez enteradas, tomaron las medidas necesarias para forzar la retirada del mismo del Amanecer Dorado. El momento álgido de la iniciación era la imposición de un terrible voto de silencio al iniciado, la violación del cual llevaría «a una mortal y hostil corriente de venganza procedente de los Jefes Secretos de esta Orden, por la cual podré quedar paralizado y muerto».

En el transcurso del ritual los candidatos se comprometían a dedicar sus esfuerzos a «la Gran Tarea, que consiste en purificar y exaltar mi naturaleza Espiritual, para que con la ayuda Divina pueda… llegar a ser más que humano… y que llegado este caso no abuse nunca del Gran Poder que se me ha conferido».

La magia por medio de la cual los iniciados empleaban este gran poder procedía de otras fuentes además de los Jefes Secretos. Una de ellas era la obra de John Dee, un matemático y astrólogo del siglo XVII aficionado al ocultismo, quien había sido consejero de la reina Isabel I, y de dos viejos manuscritos franceses: *La magia sagrada de Abramelin el mago,* un tratado místico que supuestamente Mathers había descubierto y traducido, y *La clavícula del Rey Salomón,* una cartilla de instrucción medieval para magos, enseñándoles cómo debían vestirse, el empleo de figuras geométricas, espadas y varitas, e himnos que llevaba horas entonar.

Mathers no fue el único creador de los rituales mágicos del Amanecer Dorado; al menos una de las ceremonias, la interpretada por Florence Farr para conjurar al espíritu Taphthartharath, fue escrita por un ingeniero electrónico de treinta y tres años, Allan Bennet, asiduo espectador de las representaciones de la Farr. Dicho rito requería una compleja preparación con ingredientes como amoniaco y semillas de cilantro, y otros más difíciles de conseguir, como una serpiente en conserva de licores, que Mathers tuvo que solicitar por carta a un amigo suyo. El ritual era largo e incluía graves amenazas que podían ser utilizadas en caso de que el espíritu conjurado fuera lento en responder a las llamadas del mago (en este caso Florence Farr). «Yo te maldigo, oh Espíritu», solía declarar, «Te condeno al último infierno de Abbadon».

Es de suponer que el espíritu aparecía por fin, al menos en opinión de los asistentes, aunque no hay testimonios que nos describan su aspecto o nos aclaren si poseía una encarnación física. Una vez instado a «enseñarnos todos los Misterios de la Artes y Ciencias Ocultas», se permitía a Taphthartharath que regresara a su residencia habitual, con instrucciones de volver «rápidamente cuando te llamemos y te invoquemos».

En ocasiones la magia del Amanecer Dorado se empleaba con fines medicinales. Un miembro del grado inferior pidió a Annie Horniman que hiciera algo por «el pobre Charlie Sewell», un niño que sufría de epilepsia. Horminan se comprometió a estudiar el problema «en el plano astral».

«Recurrí al Hexagrama dorado y a la Cruz roja», explicaría más tarde. Allí, en el plano astral, pudo ver que la versión astral del niño tenía «un remolino negro y azul que le seguía, unido a su cabeza por una cuerda». Colgó un talismán de su pecho e hizo señas para expulsar al espíritu. «El remolino, que estaba vivo, pareció morir y la cuerda se desvaneció», escribió. A continuación vio que la casa del niño estaba «llena de diablillos negros, semejantes a moscas», así que le ayudó a sostener su espada y ahuyentarlos mediante gesto. Las notas que realizó sobre lo sucedido se conservan junto con comentarios que Mathers escribió al repasarlas. «No debía haber puesto el talismán sobre el pecho, sino frente a él, de modo de escudo». No hay constancia, sin embargo, de que la enfermedad de Charles Sewell remitiera después del tratamiento.

En cambio un periódico ocultista, el *Equinox,* publicó los resultados de otro caso. En él participó Aleister Crowley, un brillante pero siniestro protegido de Mathers que con el tiempo contribuiría a la destrucción del Amanecer Dorado. Al parecer Crowley —quien además era el editor del *Equinox*— fabricó un talismán conocido como «La píldora mágica del águila de Júpiter» para curar a la madre de uno de los miembros, que estaba gravemente enferma. Debido a que el iniciado no obedeció las instrucciones de Crowley de «llenar el talismán con incienso y mojarlo con agua de rocío», casi mató a la pobre mujer, quien «fue presa de una serie de violentos ataques». Una vez que se hubo consagrado debidamente el talismán, la buena mujer «comenzó a recuperar rápidamente sus fuerzas, y sobrevivió hasta la edad de noventa y dos años». Al menos eso fue lo que dijo el *Equinox.*

A pesar de su compromiso de «no abusar del Gran Poder», los iniciados de la secta eran algunas veces acusados de emplear la magia con fines maléficos. En una ocasión Bennet y Crowley se convencieron de que W. B. Yeats estaba utilizando la magia negra para atacar a Crowley, puesto que —y su razonomiento no puede menos que derjanos atónitos— Crowley era mejor poeta que él. Así que celebraron un ritual para contrarrestar sus supuestos ataques. El presunto duelo debió terminar en tablas, pues no hay constancia de que ninguna de las partes sufriera daño alguno. Hubo otro incidente relacionado con un varita de cristal perteneciente a Bennet que supuestamente tenía poderes mágicos. Se cuenta que un teosofista conocido de Bennet, que solía burlarse de dicha varita, se encontró súbitamente paralizado por la acción del objeto burlado. Al parecer permaneció inmóvil durante catorce horas.

Se cuenta también que en los años veinte Dion Fortune fue víctima de un ataque oculto por parte de Vestigia Mathers, en castigo por haber escrito ciertos artículos que no fueron del agrado de ésta. Según declararía Fortune, al principio «se vio invadida por una sensación generalizada de vaga inquietud», que «gradualmente se transformó en una sensación definida de amenza y antagonismo». A continuación comenzó a tener visiones intermitentes de caras de demonios. Seguidamente su vecindario se vio infestado de gatos negros, en cantidades tan numerosas que el inquilino de la casa de al lado se veía obligado a expulsar «a escobazos a montones de gatos negros del portal de su casa y del alféizar de la ventana, declarando que nunca en su vida había visto tal cantidad de estos animales». Cuando For-

Entre los muchos artistas notables que pertenecieron al Amanecer Dorado se encontraba Algernon Blackwood, un célebre autor de novelas de temas ocultistas.

tune encontró a uno de ellos en su escalera «del tamaño de un tigre», supo que tendría que defenderse de alguna manera —a pesar de que el gato desapareció al mirarlo ella fijamente—. Por ello, según contó, realizó un viaje al plano astral, donde se enzarzó en una lucha titánica con Vestigia Mathers. Finalmente, y con la ayuda de los Jefes Secretos, Dion Fortune salió vencedora, poniendo así fin al maleficio —aunque más tarde descubrió que se hallaba «cubierta de arañazos, como si hubiera sido atacada por un gato gigantesco».

Unos años más tarde, una mujer llamada Netta Fornario, que pertenecía a una secta derivada del Amanecer Dorado y que había tenido negocios con Vestigia Mathers, fue hallada muerta en una playa de la isla escocesa de Iona. No llevaba ropa alguna excepto una capa negra, el uniforme del oficial del Amanecer Dorado conocido como hiereus. De su cuello colgaba una cadena de plata ennegrecida y en su mano sostenía un gran cuchillo. Un médico de la localidad, determinó que Fornario había muerto de un fallo cardíaco. Dion Fortune era de otra opinión. Argumentó que el cuerpo se hallaba arañado por varios lugares, señal indudable de que la mujer había sido víctima de torturas por parte de Vestigia Mathers en el plano astral.

Mucho antes de la batalla astral entre Dion Fortune y Vestigia Mathers, las continuas discrepancias en los terrenos filosófico y personal habían fragmentado la orden en una serie de pequeñas sectas. El cisma más devastador fue resultado de la lucha de poderes entre Mathers en

Florence Farr, famosa actriz y amante de George Bernard Shaw, se convirtió en una adepta del Amanecer Dorado a finales del siglo XIX. Farr, autora de un libro titulado Magia egipcia, *aplicó su considerable talento interpretativo a la instrucción de los miembros de la orden en la realización de rituales que se asemejaban a producciones teatrales.*

París y los miembros del templo Isis-Urania en Londres. Mathers sembró la insurrección entre gran parte de los miembros en 1896 al expulsar a Annie Horniman de la organización. Su excusa fue la insubordinación —ella se había negado a firmar un compromiso de completa sumisión a sus mandatos— pero indudablemente se trataba de una venganza, porque ésta le había retirado su pensión anual de 200 libras.

La ruptura final entre Mathers y los miembros de Londres no fue completa hasta la entrada de Aleister Crowley en el Amanecer Dorado. Crowley, que para entonces ya se había ganado una reputación como el hombre más malvado del mundo, fue admitido en la orden externa en 1898 y no tardó en cautivar a Mathers, quien lo promocionó rápidamente. La conducta de Crowley, sin embargo, era demasiado escandalosa para la mayoría de los miembros londinenses, quienes desaprobaban su promiscuidad sexual. En enero de 1900, el templo Isis-Urania se negó a acatar las órdenes de Mathers de iniciar a Crowley en la segunda orden, el RR et AC. Mathers enfureció. Invitó a Crowley a París y lo inició en aquella ciudad.

En marzo de 1900 las relaciones entre Mathers y los oficiales del Amanecer Dorado en Londres se limitaban a un mero intercambio de acusaciones y amenazas. Mathers envió un edicto destituyendo a Florence Farr de su puesto como jefa local de la segunda orden y otro aboliendo el comité de Londres, que se hallaba estudiando en ese momento la validez de su liderazgo. Amenazó con aplastar a los rebeldes con una «Corriente Punitiva» generada por los Jefes Secretos. A continuación envió a Aleister Crowley para que pusiera fin a la rebelión.

El resultado fue una confrontación digna de una farsa, que ha sido bautizada como la batalla de Blythe Road. El 17 de abril Crowley y otros miembros leales a Mathers irrumpieron en el cuartel general de Londres, situado en el número 36 de Blythe Road, y sitiaron la propiedad. No pasó mucho tiempo antes de que hicieran su aparición Florence Farr y otros enemigos de Mathers. Con la ayuda de un agente de policía lograron expulsar a los invasores, y a continuación procedieron a cambiar todas las cerraduras.

El 19 de abril Crowley reapareció en Blythe Road, con un aspecto que dejó asombrado al vecindario. Llevaba puesta una falda escocesa, la cara cubierta con una máscara de Osiris, y en la mano una daga. Los rebeldes volvieron a deshacerse de él llamando a la policía. Crowley regresó a París, donde encontró a Mathers removiendo guisantes en un tamiz e invocando a los demonios para que arrojaran su maleficio a todos aquellos que se opusieran a él.

Parece ser que los demonios desatendieron su llamada. Los londinenses expulsaron a Mathers de la orden, borrando así su nombre de los anales del Amanecer Dorado. De su vida a partir de ese momento se conoce muy poco. Murió en Francia en 1918.

Una vez aniquilada la *bête noir,* el templo de Isis-Urania trató de recomponerse bajo el enérgico mandato de Yeats, pero las luchas internas hicieron vanos sus esfuerzos. Al cabo de unos dos años el templo se disgregó en varias órdenes menores: los miembros especialmente orientados hacia el misticismo mantuvieron el control del templo bajo la dirección de A.E. Waite, mientras que Yeats y otros más interesados en la magia formaron una secta llamada la Stella Matutina, o Estrella de la Mañana.

Mientras tanto, varios templos que permanecieron fieles a Mathers cambiaron sus nombres por el de Alpha y Omega, una especie de continuación del Amanecer Dorado, que sin embargo duró poco tiempo.

La Stella Matutina sobrevivió con altibajos hasta los años treinta, aunque su fundador, Yeats, harto de los continuos enfretamientos entre sus miembros, dejó de participar activamente en la orden en 1923. Sin embargo siguió en contacto con sus viejos compañeros de brujería. Unos años después, recordando su estancia en el Amancer Dorado, Yeats observó que, aunque unos pocos «que estaban íntimamente ligados a nuestro círculo abandonaron toda actividad... aquellos que permanecieron en la orden, por lo que yo sé, han tenido vidas desgraciadas y llenas de problemas». A pesar de todo, el poeta parecía pensar que la experiencia merecía la pena. «Habéis hecho de la oscuridad vuestra enemiga», escribió en una ocasión en un párrafo que puede interpretarse como un desafío de los que cultivan el ocultismo a los que lo atacan. «Nosotros, nosotros intercambiamos cortesías con el más allá».

CRÉDITOS DE ILUSTRACIONES

A continuación se cita la procedencia de las ilustraciones del libro. Los créditos de izquierda a derecha están separados por punto y coma; los créditos de arriba abajo están separados por guiones.

Cubierta: diseño de Bryan Leister. 1, 3 y alfabeto inicial realizados y fotografiados por John Drummond. 7: de *Secret Teachings of all Ages,* por Bryan Leister, de Manly P. Hall, c) La Sociedad de Investigaciones Filosófica. 8: Scala, Florencia, cortesía del Museo Arqueológico Nacional, Nápoles. 9: Emmett Bright, cortesía del Museo Vaticano, Roma. 10: G. Nimatallah/Ricciarini, Milán, cortesía del Museo Arqueológico Nacional, Nápoles. 11: Sonia Halliday Photographs, Weston Turville, Buchkinghamshire. 12: Scala, Florencia, cortesía del Museo Vaticano, Roma. 13: Biblioteca Apostólica Vaticana, Roma. 14: Harold Chapman, de *Celtic Mysteries,* de John Sharkey, Thames and Hudson, Nueva York, 1979. 15: Ira Block, cortesía del Museo Silkeborg, Dinamarca. 16: Cortesía del Museo Nacional Danés, Copenhage. 17: Museo Nacional de Gales, Cardiff. 18: Michael Holford Photographs, Loughton, Essex. 19: Cortesía del Museo Real de Ontario, Toronto. 21, 22: cortesía de la Administración de la British Library, Londres. 23: Badlische Landesbibliothek, Karlsruhe. 24: El Instituto Oriental, Universidad de Chicago. 25: G. Sansoni, Florencia, cortesía de la Biblioteca Nacional Central, Florencia. 26: Jean Dieuzaide, Toulouse. 27: Lauros-Giraudon, París. 28. Biblioteca Nacional, París. 29: Ara Guler/Biblioteca del Museo del Palacio Topkapi, Estambul. 30: cortesía de la Administración de la British Library, Londres. 31 Biblioteca Bodleian, Oxford-cortesía de la Administración de la British Library, Londres. 32: Jean-Loup Charmet/Explorer Archives, París. 33: Giraudon, París. 34: Biblioteca Nacional, París. 35: cortesía de la Administración de la British Library, Londres. 37: De *Magic, the Western Tradition,* de Francis King, Thames and Hudson, Londres. 38: Archive für Kunst und Gesichte, Berlín. 39: Bildarchiv Preussicher Kulturbesitz, Berlín. 42: Roger Viollet, París. 43: Ullstein Bilderdienst, Berlín; Colección Granger. 44: Museo Ashmolean, Oxford. 45: de *A Chris-*

tian Rosenkreutz Anthology, compilada y editada por Paul Marshall Allen, Rudolf Steiner Publications, 1968. 56: cortesía de la Administración de la British Library, Londres. 57: Detalle de un retrato de Francis Bacon, cortesía de la National Portrait Gallery, Londres. 48, 49: cortesía de la Administración de la British Library, Londres. 50, 51: de *Robert Fludd,* por Joscelyn Godwin, Thames and Hudson, Londres, 1979- Ann Ronan Picture Library, Taunton, Somerset/E.P. Goldschmidt and Co. Ltd (6). 62: Biblioteca Beinecke de Libros y Manuscritos Raros, Universidad de Yale. 65: Aldus Archive, Londres. 56, 57: Jean-Loup Charmet, París, 69: Biblioteca Philosophica Hermetica, Amsterdam. 60, 61: cortesía de la orden rosacruz de AMORC. 73: John Miller/Museo de Nuestro Patrimonio Nacional, Lexington, Mass. 64, 65: Museum of Fine Arts, Boston; Sociedad Norteamericana de Anticuarios, Worcester, Mass-Museum of Fine Arts, Boston; Biblioteca del Congreso. 66: Museum of Fine Arts, Boston, excepto abajo a la derecha, Museo de Nuestro Patrimonio nacional, Lexington, Mass. 67: Sociedad Norteamericana de Anticuarios, Worcester, Mass. —Colección Granger. 68: Museum of Fine Arts, Boston -Galería de Arte de la Universidad de Yale. 69: de *Histoire Pittoresque de la Franc-Maçonnerie,* por F.T.B. Clavel, Pagnerre, París, 1844 — de *Robert Mills: Architect of the Washington Monument,* por H.M. Pierce Gallagher, Biblioteca del Congreso, 1935. 70, 71: Larry Sherer, cortesía del Museo de la Academia Naval de EE UU; cortesía de la Gran Logia de Masones Libres y Aceptados de Pensilvania — Metropolitan Museum of Art —donación de John Bard, 1892 (72.6), Jean Antoine Houdon; Cliché de la réunion des Musées Nationaux, París, cortesía del Museo de la Academia Naval de EE UU. 72, 73: cortesía de la Gran Logia masónica de Massachusetts, Boston; Logia Alexandria-Washington nº 22, A.F. & A.M., Alexandria, Va, the Washington Society. 74: obra de John Drummond de una fotografía de Erich Lessing, cortesía del Historisches Museum, Viena. 76: cortesía de la Administración de la British Library, Londres. 77: Erich Lessing, Kunsthistorisches Museum, Viena. 78: de *Gesichte der Freimauerei,* por Paul Naudon, Propyla-

en, Munich, 1982. 80: cortesía de la National Portrait Gallery, Londres. 81: cortesía de la Gran Logia Unida de Inglaterra, Londres. 82: Deutches Freimaurer Museum, Bayreuth, Fotostudio Schmidt. 83: Erich Lessing, cortesía del Historisches Museum, Viena. 84, 85: G. Nimtallah/Ricciarini, Milán. 87: Biblioteca Nacional, París. 88: Roger Viollet, París. 89: Roger Viollet, París-Biblioteca Nacional, París. 90: David Doody, Archivos de la Universidad, Biblioteca Swem, College of William and Mary, Williamsburg, Va. 91: de *Histoire de la Franc-Maçonnerie,* por F. T. B. Clavel, Pagnerre, París, 1844. 92: Museo de Nuestro Patrimonio Nacional, Lexington, Mass. 93: Biblioteca del Consejo Supremo, Washington D.C.. 95: The Bettmann Archive. 96: The Bettmann Archive; Wide World Photos; Colección Robert Perry, c) 1988 Sociedad National Geographic. 97: Edward Owen, cortesía de la Biblioteca del ConsejoSupremo, Washington D.C:. 99: De *The Golden Dawn,* por Israel Regardie, Llewellyn Publications, St. Paul Minn, 1986. 100: de *The Phoenix,* por Manly P. Hall, c) Sociedad de Investigaciones Filosóficas, 1960; de la colección de Manly P. Hall, cortesía de la Sociedad de Investigaciones Filosóficas. 101: cortesía de The Temple of the People, Halcyon, Calif. 104: cortesía de Los Archivos, Sociedad Teosófica, Pasadena, Calif. —R.A. Gilbert, Bristol, Inglaterra. 106, 107: cortesía de Los Archivos, Sociedad Teosófica, Adyar, Madrás, India; cortesía de Los Archivos, Sociedad Teosófica, Pasadena, Calif. 110-111:The Bettmann Archive; Sociedad Teosófica, Adyar, Madrás, India; cortesía de Los Archivos, Sociedad Teosófica, Pasadena, Calif. (2)—Mary Evans Picture Library, Londres. 112: Thames and Hudson, Londres, Colección Sven Gahlin, Londres. 113: Archivo Werner Forman, Londres/Colección Philip Goldman; John Webb, Surrey. 116: La Sociedad Teosófica, Londres. 117: Colección privada de Gregory Tillet, copiado por James Pozarik. 119: R. A. Gilbert, Bristol, Inglaterra. 120: Hulton Picture Library, Londres. 121: Ellic Howe, Londres. 122-123: R. A. Gilbert, Bristol, Inglaterra. 124: BBC Hulton Picture Library/The Bettmann Archive. 125: Hulton Picture Library, Londres - Ellich Howe, Londres.